Pedro Camilo

Yvonne Pereira

entre cartas e recordações

MENTE ABERTA

Yvonne Pereira: entre cartas e recordações

2ª Edição - 2001 a 4000 exs.

Direitos de publicação cedidos à **Editora Mente Aberta**
Rua José Falcão, 01, 1º andar, Fazenda Grande do Retiro.
Cep: 40350-290 – Salvador – Bahia
E-mail: editoramenteaberta@gmail.com

Diretor Editorial
Pedro Camilo de Figueirêdo Neto

Programação Visual de Capa
Vlad Lobão

Revisão e Diagramação
Rita Foelker

CIP – Brasil. Catalogação na fonte

N469m Figueirêdo Neto, Pedro Camilo de, 1981-
Yvonne Pereira: entre cartas e recordações / Pedro Camilo de Figueirêdo Neto – Salvador, BA: Editora Mente Aberta, Fevereiro, 2016.

144 p.
ISBN: 978-85-66960-11-2

Sumário

Notas explicativas

Há exatos 17 anos, no dia 25 de janeiro de 1999, também numa segunda-feira, tive meu primeiro contato com o espírito Yvonne Pereira, embora somente dois meses depois viesse saber de quem se tratava. Contava, então, 17 anos.

Havia adquirido o livro *As mulheres médiuns*, de Carlos Bernardo Loureiro, publicado pela FEB, para preparar uma palestra sobre "Fenômenos psíquicos na adolescência". Desejava buscar informações sobre as meninas médiuns que trabalharam com Kardec.

Chegando em casa, abri o livro a esmo e "esbarrei" com a biografia de Yvonne. Uma emoção intraduzível tomou conta de mim. Não consegui terminar a leitura, abandonei o livro e me pus a chorar, sentindo um envolvimento espiritual bastante agradável. À noite, durante o estudo do Evangelho no Lar, novamente aquele envolvimento foi sentido, com a mesma emoção. Dali em diante, vários fatos, vividos individualmente ou ao lado de outros médiuns, foram confirmando aquela presença amiga e generosa em minha vida.

Hoje, olho para trás e verifico quanto foi possível construir, ao longo de quase duas décadas, sob sua influência e direção. Como fruto de minhas buscas pessoais, para tentar entender sua vida e, também, a melhor forma de vivenciar a mediunidade, já foram publicados três livros, quais sejam: *Yvonne Pereira: uma heroína silenciosa* (2003), *Pelos caminhos da mediunidade serena* (2006, em homenagem ao cinquentenário de *Memórias de um suicida*) e *Devassando a mediunidade* (2009).

Desde a primeira obra, temos circulado pelo Brasil divulgando os exemplos da vida de Yvonne, bem como os convites reiterados que nos faz para nos apropriarmos, de forma devida e sistemática, do precioso manancial de esclarecimento e consolação que o Espiritismo encerra.

Em muitas ocasiões, tivemos que lidar com a incompreensão de alguns confrades, seja em função de minha pouca idade – quando tudo isso começou, eu era apenas um adolescente! –, seja pelo falso entendimento de que faço um "culto à personalidade" da médium. Entretanto, tenho a plena convicção do respeito e do carinho que mantenho por ela, buscando a divulgação de sua memória e dos lances eloquentes de sua vida, como forma de sensibilizar as pessoas e nelas despertar a vontade de construção de algo melhor para si mesmas, como tenho feito em relação a mim próprio.

Além dos livros, dos artigos e das palestras e seminários, desde 2014, com o apoio de queridos confrades, como Lúcia Gomes e Roni Ricardo, de Volta Redonda (RJ), e Nelson Xavier e Joaquim Gamonal, de Barbacena (MG), iniciamos o Encontro Nacional de Amigos de Yvonne Pereira. O primeiro teve lugar em Volta Redonda; o segundo, em Barbacena. O terceiro, acontecendo em março de 2016, novamente em Volta Redonda, com o tema "*Memórias de um suicida*: um hino de amor à vida!", propõe-se a celebrar a passagem dos 60 anos de publicação dessa portentosa obra.

E é também em homenagem ao *Memórias de um suicida* que publicamos mais este volume, *Yvonne Pereira: entre cartas e recordações*.

* * *

Tal como *Pelos caminhos da mediunidade serena*, este livro nasceu, de um fato pitoresco.

No ano de 2009, falava sobre a vida de Yvonne Pereira, na cidade de Votuporanga, noroeste paulista, quando mencionei, em público, que ela fora amiga do advogado paulista Domério de Oliveira e que ele guardara farto volume de cartas escritas pela médium. Eu mesmo pude ver e ter nas mãos esse precioso material quando o visitei, na sua residência do bairro de Pinheiros, em São Paulo, no início do ano de 2004.

Ao terminar a exposição, fui procurado por um senhor jovial e simpático, que se chamava Cleomério e que dizia ser sobrinho de Domério! E dizia mais: teria acesso às cartas e, se fosse da minha vontade, poderia fazer cópia e enviar para mim. Como negar tamanha gentileza?

Recebi, pelo correio, o volume enviado por Cleomério. De posse daquelas 45 cartas, reunidas em mais de cem páginas, acalentei o desejo de transformá-las em livro, mas somente em 2012 resolvi tentar algo.

Após ler e analisar o material, percebi que nem todas as cartas mereceriam publicação, seja por conterem assuntos mais pessoais, seja por tratarem de assuntos mais frugais, do dia a dia. Por isso, concluí que, das 45 cartas, apenas 25 mereceriam as páginas deste livro, permanecendo, as demais, devidamente guardadas.

Como ia dizendo, em 2012 decidi tentar preparar o livro, mas as cartas selecionadas ainda eram poucas. Por isso, iniciei uma campanha, pela internet, na tentativa de obter algum material a mais.

No ano seguinte, a querida Sandra Ventura, de Brasília, também divulgadora das obras de Yvonne, enviou-me a carta escrita para Ronaldo Tornel, além de alguns cartões escritos por confrades à *pupila de Charles*, dentre os quais destacamos os dois escritos por Divaldo Pereira Franco, aqui inseridos.

Graças à campanha, recebemos, das mãos de Wellington Santana Ferreira, de Minas Gerais, as duas cartas escritas para Maria Aparecida Costa. E só em 2015 logramos ter acesso às cartas escritas a Geraldo Silva de Carvalho, que foi amigo de Yvonne e é dirigente espírita em Fernandópolis, São Paulo, que tão gentilmente forneceu oito cartas, das quais separamos cinco, para este volume.

Em pesquisas pela internet, encontramos, na revista "O Reformador", a carta escrita a Francisco Thiesen, que foi Presidente da FEB, julgando oportuno também transcrevê-la aqui, pelas razões que o leitor poderá conferir ao apreciá-la.

Por último, já em janeiro de 2016, minha querida amiga Dora Incontri conseguiu encontrar, em seus guardados, cinco cartas que lhe foram endereçadas por Yvonne Pereira quando ela, Dora, ainda era um adolescente! Delas, destacamos quatro para nossa apreciação.

Em seu livro *Jô Alves – amor e renúncia*, Nena Galves apresenta a transcrição de cinco cartas da médium ao conhecido tarefeiro paulista Joaquim Alves. São cartas que trazem importantes notícias sobre as atividades mediúnicas de Yvonne, bem como de suas relações espirituais e de traços de sua personalidade.

Soubemos, por intermédio do amigo Alexandre Caroli Rocha, que Nena Galves ainda possuiria cerca de vinte cartas da médium e, com o auxílio de Eliana Ferrer Haddad, uma das amigas responsáveis pelo jornal e pela editora Correio Fraterno, tentamos reunir esse material no presente volume. Entretanto, Eliana nos deu a grata notícia de que D. Nena tenciona publicar essas cartas em um livro especial, o que nos trouxe alegria e a certeza de que se tratará, de fato, de mais uma importante contribuição para mantermos viva a memória de Yvonne Pereira.

* * *

Além das cartas mencionadas, julguei oportuno apresentar, na forma de adendo especial, a curiosa entrevista realizada pelo espírito Samuel Bulamarck com Yvonne, durante o 2º Encontro Nacional de Amigos de Yvonne Pereira.

A entrevista, psicografada por Lindomar Coutinho da Silva, foi obtida a propósito do tema que abordaria no encontro, "Yvonne Pereira: um espírito no Além", e esclarece um pouco das atividades que a pupila de Charles mantém no Mundo Espiritual.

Vale a pena sua leitura e a reflexão em torno das informações que são apresentadas.

* * *

O material reunido foi transformado neste livro. Buscamos, dentro do possível, tecer alguns comentários a partir das notícias, informações e opiniões de Yvonne Pereira, embora nem toda carta tenha recebido comentários.

Em diversos momentos, sobretudo ao tratar de delicados assuntos doutrinários, a pupila de Charles revela-se exatamente como era: firme em suas convicções, sem deixar de dizer o que pensava, ainda que se referisse àqueles que gozavam de sua amizade e de sua admiração. Praticava o ensinamento evangélico, "seja o seu falar, sim, sim; não, não", e não negociava com qualquer interesse menor quando o assunto era Espiritismo e Evangelho.

Causa bastante admiração o interesse, a dedicação e o fôlego que Yvonne tinha para escrever cartas, para o Brasil e para o Mundo, correspondendo-se, indistintamente, com presidiários, pessoas simples e desconhecidas, e também com aqueles que gozavam de certo prestígio no Movimento Espírita, sempre com a mesma atenção e o mesmo respeito.

Fico imaginando o que não faria hoje, diante de tantos recursos oferecidos pela tecnologia, como emails, facebook, skype... Quanta consolação e quanta ajuda estaria estendendo, preenchendo esses espaços com sua generosidade e sua lucidez!

A publicação deste livro cumpre, assim, duplo objetivo: proporcionar o acesso a outros olhares de Yvonne, a respeito de variados assuntos relativos à vivência espírita, bem como celebrar os 60 anos de *Memórias de um suicida*.

É com imenso carinho que agradeço à colaboração de todos aqueles que tiveram, aqui, seus nomes citados, não podendo esquecer de agradecer, de modo especial, a Alana de Andrade Santana, minha esposa, responsável pela digitação de boa parte das cartas, o que fez em meio às grandes responsabilidades que tem, sobretudo junto à nossa pequena Pietra.

Que você possa, leitor ou leitora, assim como eu, aprender um pouco mais com as cartas e recordações da nossa querida Yvonne do Amaral Pereira.

Salvador, 25 de janeiro de 2016.

Pedro Camilo
pedcamilo@yahoo.com.br

Palavras de Domério de Oliveira

Prezados irmãos espíritas:

É com júbilo incontido que lhes falo neste momento, em que nos reunimos para comemorar o sessentenário de publicação da obra *Memórias de um suicida*. Esse livro, que os Céus permitiram viesse a público através das mãos da irmã Yvonne Pereira, permanece sendo um imenso farol, de luz cintilante e longo alcance, a espargir brilho e consolo a quantos o abrem e leem com o coração.

Graças a essa irmã querida, que hoje me trouxe junto ao médium para uma visita fraterna, pudemos privar de uma das mais belas e verdadeiras amizades na última encarnação. Certamente que nossos laços fraternos datam de outros tempos, mas foi somente agora que pudemos estar mais perto, se assim me posso expressar, apesar de nossos contatos serem primordialmente epistolares.

Apraz-me sobremodo saber que, mesmo depois de estar aqui "deste lado", meu cuidado em preservar a copiosa correspondência que mantivemos esteja produzindo frutos. Nunca imaginei que aquelas cartas, que nossa querida irmã endereçava-me, como fruto da sua bondade e como forma de estímulo à continuidade dos meus esforços pessoais, pudessem servir de instrução à coletividade como as vejo, agora, transformadas em livro. E como é bom ver como o nosso Consolador ainda nos permite algo fazer pela sua divulgação!

Hoje aqui, ao lado dela e do nosso querido Jorge Rizzini, outro operário do Bem de cuja amizade continuamos privando, venho deixar a todos o meu abraço verdadeiro e os sinceros agradecimentos pela gentil lembrança de nosso nome.

Que o Mestre Jesus continue a nos abençoar e que a incitativa deste livro, como outras tantas que visam a glória do Espiritismo, multipliquem-se e alcancem muitos mais corações.

Paz e luz a todos,

Domério de Oliveira

(Psicodigitado em Salvador, na tarde do dia 14 de janeiro de 2016)

Palavras de Yvonne Pereira

Queridos irmãos,

Paz a todos!

Tenho feito a opção, ao longo de todos esses anos, por silenciar diante de toda e qualquer referência feita a meu nome, no aquém ou no Além, seja pela obra mediúnica que, mercê de Deus, pude produzir, seja por um qualquer fato pertinente às minhas questões pessoais, à minha história de vida.

Agora, entretanto, instada pelo eterno pai Dr. Bezerra de Menezes, não pude me furtar ao dever de dizer algumas palavras a corações que me devotam estima, embora reconheça não ser merecedora de tanta gentileza.

Lembrar os sessenta anos da publicação do *Memórias de um suicida*, é reviver todas as dificuldades por que passei, ao longo da existência, para desempenhar o trabalho de médium e, sobretudo, para me sentir "encaixada" na vida. Graças aos equívocos do passado, sobejamente conhecidos dos irmãos, arrastei para a última existência grande dificuldade de adaptação às suas circunstâncias, vencidas graças à misericórdia Divina e ao trabalho junto ao Espiritismo e ao Evangelho, de modo que posso dizer, sem medo de errar, que essa obra me redimiu, ou antes, representou o início do meu processo de remição dos erros.

Hoje, contemplo os resultados que vem produzindo, servindo de esclarecimento a quantos agasalham a ideia do suicídio, e penso que todas as humilhações e provações valeram a pena, sim, e que viveria tudo novamente, com todas as dificuldades e incompreensões, pois são esses os testemunhos que devemos prestar, para honra de Jesus Cristo.

Agradeço, com o coração, as preces que recebo diariamente, de irmãos que pedem auxílio e de outros que simpatizam com nossas obras e história. De minha parte, continuo tendo muito pouco a oferecer, mas não canso de levar, aos Superiores do Além, todos os pedidos que recebo, para que encaminhem o socorro necessário aos irmãos aflitos.

Tenho aceitado tudo que se tem criado, feito e dito em torno do meu nome por perceber, pela advertência dos Maiores do Além, que assim posso continuar sendo médium do Evangelho e do Espiritismo, que sempre foram minhas maiores bandeiras e permanecem assim, hoje e para sempre. Por isso, peço aos meus irmãos espíritas que possam ter esta servidora na conta de mera ponte que, de si mesma, muito pouco tem a oferecer.

Abraça-os, fraternalmente, a irmã dedicada de sempre,

Yvonne A. Pereira

(Psicodigitado em Salvador, na tarde do dia 14 de janeiro de 2016)

Cartas

Domério de Oliveira

Yvonne Pereira e Domério de Oliveira foram bons amigos. Graças a tal amizade, Dr. Domério guarda, consigo, 45 cartas, escritas por Yvonne entre as décadas de 1960 e 1980, material que permanecia inédito e que, em grande parte, encontra-se enfeixado neste livro.

Aliás, precisamos dizer que, não fossem as cartas do Dr. Domério, como era conhecido o nosso querido confrade, não me animaria a publicar esta obra. Foi a partir da leitura e da análise desse farto manancial, que contém registro de alguns acontecimentos históricos do Movimento Espírita da época, que percebemos a importância do resgate e da publicação desses escritos de Yvonne, perdidos e guardados em papéis e registros pessoais.

Nascido em 25 de abril de 1926, em Monte Azul Paulista, Domério desencarnou em 24 de maio de 2008, pouco depois de completar 82 anos. Advogado de profissão, destacou-se no Movimento Espírita pelos artigos que escrevia para a imprensa espírita, especialmente para o jornal "O Clarim" e a "Revista Internacional de Espiritismo" (RIE), além do jornal "Despertador", que ajudou a fundar.

Autor de sete livros, dentre eles *Pelos degraus da vida* e *A semente que meu pai plantou*, sua amizade com Yvonne teve início nos idos de 1964, quando escreveu, para as páginas da RIE, um artigo intitulado "Elos de luz", ressaltando as qualidades do livro *Devassando o invisível*.

Naquele mesmo ano, no mês de maio, Domério escreveu-lhe uma carta, com cópia do artigo, ao passo que a buscava com interesse fraterno.

Em 25 de maio, Yvonne respondeu-lhe com a carta que se segue, dando início ao relacionamento que se estendeu por duas décadas e cujos detalhes conheceremos nas próximas páginas.

1ª CARTA:

Rio, 28.05.1964

Caro irmão Dr. Domério de Oliveira:

Paz e prosperidades são os meus votos, extensivos à Exma. esposa e demais familiares.

Recebi sua estimada carta de 11.05.1964 e cumpre-me agradecer as fraternas expressões com que o irmão me distinguiu. Não resta dúvida de que é um grande conforto para o meu coração, um estímulo precioso, do qual muito necessito, saber que meus esforços para servir à Doutrina não foram infrutíferos, visto que outros corações se alentaram sobre aquilo que me foi permitido obter do Além. Sinto-me recompensada e até feliz, quando um ou outro irmão aproveita algo existente nos livros em que trabalhei, pois me vem a certeza de que fui fiel aos princípios da nossa Doutrina e às advertências dos Guias Espirituais que me animam a servi-la. Mas acredite, caro irmão, que não é por entre alegrias e risos que me tem sido possível a comunhão, assim intensa, com o Invisível. Para conseguir a pequena contribuição que ofereço à Doutrina, foi-me necessário morrer para mim mesma e para o mundo muitas vezes, aprender a ser paciente e amorosa sob o jugo de incompreensões, por assim dizer, martirizantes, e no contato com adversidades que me teriam vencido se, acima das nossas dores, não existisse a misericórdia de Deus concedendo-nos o amparo e as esperanças expostas pelo nosso Consolador. Não sou, porém, uma "pessoa privilegiada" e ainda menos "estrela de primeira grandeza", como sua bondade me classificou. Ou, ao contrário, como outra qualquer pessoa, com um pouco mais de responsabilidade nos atos de cada dia do que o comum das criaturas, porque, certamente, trazendo do pretérito, bagagem de delinquências maior do que os demais. O que se passa comigo poderá se passar com qualquer outra pessoa. Somente serão necessários alguns fatores para a habilitação e desdobramento das atividades: coragem, amor, renúncia, paciência e trabalho. O segredo é somente esse, implicando renovações pessoais. De qualquer forma, agradeço a sua carta, tão fraterna e perfumada de caridade evangélica ela me pareceu. Deus o abençoe pela sua generosa compreensão, pois sinto que o irmão me compreendeu plenamente.

De antemão, agradeço o seu artigo para a Revista Internacional do Espiritismo. Precisamos mesmo escrever muito, atingir pontos capitais da Doutrina, pois esta vem sendo muito prejudicada, na sua essência espiritual, pela falta de estudo dos adeptos, os quais a entendem por ideias pessoais, personalizando-a; portanto, acomodando-a à própria vontade, sem se renovarem para ela e difundi-la imaculada como a temos recebido desde há um século.

Por minha vez, tenho feito o que é possível nesse sentido. E já que o irmão também escreve e lê o que tenho escrito, direi que o meu pseudônimo em "Reformador" é Frederico Francisco, assinando crônicas que me vêm através de intuições, visto que não quis mais trabalhar em "mensagens" assinadas por autores espirituais.

Nosso amigo Divaldo Franco encontra-se aqui no Rio, edificando seus irmãos de ideal com sua presença e as belas palestras de sempre. Ontem fui ouvi-lo no auditório do Ministério da Fazenda. Como sempre, encantou a assistência.

Procurarei orar a seu benefício. Mas peço não me esquecer também em suas preces. Necessito muito de forças para prosseguir na tarefa e, atualmente, venho me sentindo abalada em minhas energias físicas. Quanto ao seu nome, já foi incluído no meu caderno de recomendados encarnados para as preces.

Queixa-se o irmão de que é "imperfeito" e "obscuro". Mas quem neste mundo é perfeito e iluminado? E não está em suas mãos o farol que a todos nós conduz ao progresso? Todos nós somos aprendizes, meu irmão. Mestres, para nós, só existem dois: Jesus Nazareno e Allan Kardec.

Sem outras razões, reiterando agradecimentos pela sua gentileza fraterna, escrevendo-me, recomendando-me a Exma. família e demais irmãos que o cercam, sou a irmã e serva humilde.

Yvonne

* * *

Essa foi a primeira carta de Yvonne a Domério de Oliveira. Nela, percebemos o quanto, nada obstante a gratidão pelo reconhecimento do confrade e carinho demonstrado, a *pupila de Charles* reage aos elogios recebidos, que a distinguiam como ser especial, pessoa privilegiada e iluminada, como devem reagir os médiuns a qualquer apreciação menos feliz a seu respeito.

Posturas assim garantiram a Yvonne, firmeza e tranquilidade, por não ter se deixado tomar pela presunção e pela vaidade, armadilhas que, até os dias atuais, têm fisgado médiuns de promissoras tarefas.

Surge, aqui, uma referência a Divaldo Franco, que também fora seu amigo e por quem era visitada, dentro do possível, sempre que o tribuno baiano visitava o Rio de Janeiro. Em outra carta, ela aproxima os dois, Divaldo e Domério, fornecendo a este o endereço daquele. Tratava-se de acontecimento comum, pois Yvonne regozijava-se em fomentar amizade de todos os modos ao seu alcance.

2ª CARTA:

Rio de Janeiro, 13.09.1964

Prezado irmão Dr. Domério de Oliveira:

Paz, saúde e prosperidade, são os votos que faço em sua intenção, extensivos a Exma. Família.

Recebi sua atenciosa carta de 27.08.1964 e o número da Revista Internacional do Espiritismo com o seu artigo "Elos de Luz", comentando o *Devassando o Invisível*. Demorei a resposta porque estávamos com a casa repleta de hóspedes, uns bons amigos do Paraná que nos deram a satisfação da sua visita, não tive bastante serenidade para escrever, visto que não parávamos em casa e conversávamos muito. Agradeço, agora, porém, profundamente, meu irmão, o estímulo que para mim é a sua apreciação em torno daquele trabalho, assim como a fraternidade que suas cartas representam. Deus o abençoe por essa grande caridade, e a sua família, e o seu lar, concedendo-lhes sempre a doce harmonia da compreensão e da paz. O artigo está muito bom, sincero e convincente. Somente não concordo com o qualificativo de "missionária", que o Sr. me empresta. Não sou missionária não, meu irmão, é com sinceridade que o afirmo. Sou apenas uma alma culpada do passado, a quem a misericórdia de Deus concedeu a possibilidade de melhorar o próprio caráter através do árduo trabalho da literatura mediúnica. E a prova do que afirmo é a grande luta que tenho sustentado para poder apresentar o pouco que tenho produzido. Mas agradeço suas fraternas expressões, compreendendo-as extraídas do seu bom coração de irmão e idealista, que por toda parte vê o que é bom e perfeito.

Sobre o que o irmão vem sentindo nos ouvidos, creio tratar-se de esgotamento e perda de fosfatos e fluidos vitais. Eu também costumo ficar assim e tudo desaparece se trato do sistema nervoso. Infelizmente, não trabalho mais em receituário, por ordem mesmo do Dr. Bezerra de Menezes. Com a falta desse desempenho nos Centros Espíritas, os quais agora já não apresentam, na maioria dos casos, garantias nas condições ambientes para tão delicado labor, devido às displicências das festas que invadiram seus sagrados recintos, creio que minhas qualidades, digo, possibilidades, agora se reduziram para o receituário, por falta de treino, e Dr. Bezerra suspendeu. No entanto, tenho tal prática no assunto, que me permito aconselhá-lo a um repouso mental pronunciado e ao uso do Neuro fosfato de Eskaim, ou então o Vitaminer, às refeições, que são os dois que eu costumo tomar e que não precisam de receita médica para serem adquiridos. Vagosin, em comprimidos, também refaz muito, quando estamos deprimidos do sistema nervoso. E passes, se possível com uma corrente de dois ou três médiuns, duas ou mais vezes por semana. Eu me permitiria acrescentar também a opinião de que existam irradiações psíquicas "menos boas". As sessões práticas em casa de família não são recomendáveis, meu irmão. Se o Sr. assistisse ao que eu assisto numa sessão prática, principalmente na atualidade, quando as condições gerais ficam tanto a desejar, certamente se deteria nesse trabalho em seu domicílio doméstico. Não obstante, o Sr. de certo sabe como o faz e poderá ter conseguido assistência especial e condições protetoras incomuns. E peço perdoar o meu ousado alvitre...

Prezado irmão, sensibiliza-me a estima de sua Senhora por mim. Estou enviando a ela o meu abraço de muitos agradecimentos pela distinção que me confere, e muita fraternidade. Estou às suas ordens, quando visitarem o Rio. Mas que ela não me julgue um anjo, que é para não se decepcionar ao me conhecer. Quanto à perseguição dos padres, não se incomode com eles. Eles nos ajudam a ser fieis ao nosso dever, quando nos perseguem. Não são os verdadeiros inimigos da nossa Doutrina. Estes, são os próprios adeptos que não assimilaram ainda e vivem a deturpá-la a cada passo.

Não sei se o caro irmão já leu o *Ressurreição e vida*, que publiquei recentemente, pela FEB. Quando ler, gostaria que me enviasse a sua valiosa apreciação. O livro está praticamente esgotado em dois meses, e isso me leva a crer que obteve boa recepção, pois as notícias que me chegam são favoráveis. Mas é trabalho inteiramente diferente de *Devassando o invisível* e, por isso, gostaria de saber da opinião dos irmãos sinceros. O autor espiritual prometeu-me outro, baseado na técnica espírita, se o primeiro obtivesse aceitação.

Peço ao Sr. e demais irmãos que o cercam não me

esquecerem em suas preces. A época está difícil para os médiuns e necessito de todas as forças de coragem, da fé e da humildade para me conservar em boas disposições para o prosseguimento da tarefa. Que Deus os abençoe por mais essa caridade.

Sem querer tomar o seu precioso tempo, despeço-me reiterando os votos de paz e prosperidades, recomendando-me fraternalmente a sua esposa e subscrevendo-me.

Irmã em Jesus e serva sempre agradecida,

Yvonne

* * *

A carta em questão fere duas questões doutrinárias de grande importância: a mediunidade receitista e a realização de reuniões mediúnicas nos lares.

No que toca à primeira, precisamos lembrar que Yvonne Pereira atuou, durante muito tempo, como médium receitista, embora somente para receitas homeopáticas. Para tal mister, atuou sob a influência de Bezerra de Menezes, Eurípedes Barsanulfo e Bittencourt Sampaio, mantendo regular atividade desde a década de 1920.

Tratava-se de tarefa mediúnica que valorizava bastante, tendo em vista a necessidade de auxiliar as pessoas no restabelecimento da saúde que, mesmo considerada somente no aspecto físico, tem grande e importante repercussão espiritual. Aliás, em *O livros dos médiuns*, assim se posicionaram os espíritos a Kardec, ante a pergunta que se segue:

> 293. 24ª Podem os Espíritos dar conselhos relativos à saúde?
> "A saúde é uma condição necessária para o trabalho que se deve executar na Terra, pelo que os Espíritos se ocupam de boa vontade com ela. Mas, como há ignorantes e sábios entre eles, convém que, para isso, como para qualquer outra coisa, ninguém se dirija ao primeiro que apareça."

Assim, incorre em erro quem acredita que não devemos, os espíritas, guardar preocupação com a saúde física, utilizando a mediunidade como forma de promover seu restabelecimento e/ou manutenção. Por tratar-se de "condição necessária para o trabalho que se deve executar na Terra", os espíritos amigos têm todo interesse em tarefas que tais. Naturalmente que, aqui como em tudo, devemos nos prevenir contra os excessos e os desvios, mas jamais desacreditar o valor, por exemplo, da mediunidade receitista, da qual Yvonne Pereira era ardorosa defensora.

Um pouco mais à frente, em outra carta, veremos como a médium também faz a defesa da mediunidade curadora em geral, demonstrando sua preocupação com aquilo que julgava importante e legítimo de se oferecer a quem adentra as Casas Espíritas em busca de consolo.

O segundo aspecto tem a ver com as reuniões mediúnicas feitas em casa. Depreende-se de sua fala que o Dr. Domério as realizava, o que gerou preocupação em Yvonne e, inclusive, a suspeita de que o esgotamento físico e mental acusado pelo missivista também pudesse guardar relação com influências espirituais oriundas de tal prática.

Conquanto seja possível obter "assistência especial e condições protetoras incomuns", haveremos de convir que isso não só é raro, como também talvez não tenhamos a absoluta certeza da ausência de inconvenientes, dado os casos concretos. Nesse sentido, salvo as situações inesperadas e não programadas, que reclamem de nós uma intervenção emergencial, devemos evitar transformar o reduto doméstico em ambiente de reuniões mediúnicas, principalmente para socorro de espíritos sofredores e obsessores.

Todo e qualquer atendimento especializado, seja em que área for, requer ambiente e condições adequadas para acontecer. O ambiente doméstico, como sugere Yvonne, não é o mais recomendável para esse fim, devendo-se pensar em ambiente mais propício, adredemente preparado e destinado a tal mister.

3ª CARTA:

Rio, 04.12.1964

Caro confrade Dr. Domério:

Paz em Jesus e Boas Festas de Natal e prosperidades espirituais e materiais para o ano de 1965, são os votos que faço a Deus em sua intenção, extensivos a sua querida esposa e todos da família.

Recebi sua carta de 22 de Outubro, à qual respondo, apresentando desculpas pela demora no cumprimento desse dever. Espero que o prezado irmão continue melhorando sempre da sua saúde, revigorado para as lutas da existência e sempre esperançado no auxílio divino para os problemas que a vida a todos nos reserva. A época é de testemunhos e inquietações, meu irmão, de desilusões e muita tristeza, e os espíritas são também chamados a apresentar os próprios valores à Lei Divina. E todos nós, assistidos como temos sido pela solicitude dos amigos espirituais, estaremos preparados para vencer na grande prova da atualidade.

Alegrou-me saber que receberei a sua visita, com sua Exma. esposa. Aguardo-os com o carinho fraterno que todos os meus irmãos em Jesus me inspiram. A amizade e o convívio deles é a única verdadeira alegria que desfruto neste mundo, e por isso desde já agradeço a sua generosidade em me visitar. Fico, portanto, à espera dos caros irmãos, a fim de abraçá-los e me encantar com a sua palestra.

De saúde não tenho passado bem. Não estou propriamente doente, mas esgotada a um ponto extremo, traumatizada, suportando um sofrimento que só o amor de Deus pode aliviar. Mas isso é assim mesmo, a mediunidade é posto de sacrifícios e não caminho de glórias, e muitos médiuns terminam assim. Que meu irmão não me esqueça em suas preces, é o que peço.

Espero que não se decepcione com a leitura de *Ressurreição e vida*. Se eu conhecesse a obra de Tolstoi, teria saído melhor.

Mas eu não conhecia uma única página, agora é que estou lendo, tendo adquirido as obras completas dele.

No entanto, depois desse livro, ele ditou um conto que o identifica mais que todo o texto do mesmo. Mas não cogito de publicá-lo, esperando que venha mais trabalho dele, depois que eu melhorar de saúde.

Não desejando tomar o seu precioso tempo, aqui me despeço. Tenho uma infinidade de cartas para escrever, ou responder, e termino. Recomendo-me afetuosamente a sua esposa e todos da família, e subscrevo-me.

Irmã de ideal espírita e serva que muito o considera agradecida.

Yvonne

* * *

Decidimos publicar esta carta por identificar uma informação bastante valiosa para quem estuda a mediunidade e, principalmente, a psicografia. Ao referir-se ao livro *Ressurreição e vida*, coletânea de contos ditados pelo espírito Léon Tolstoi, Yvonne afirma que se "conhecesse a obra de Tolstoi, teria [o livro] saído melhor". Esta afirmação, aparentemente insignificante, pode nos proporcionar algumas boas reflexões.

Todos sabemos, graças às leituras de *O livro dos médiuns* e às próprias lições da médium Yvonne Pereira, o quanto é difícil a transmissão do estilo do espírito comunicante, especialmente na psicografia. Nas palavras da *pupila de Charles*, em *Devassando o invisível* (1984, p. 126):

> Existem ditados mediúnicos, mesmo romances – e poderíamos citá-los – considerados imitações por muitos observadores, **porque não trazem o característico do estilo literário daquele que espiritualmente o concebeu.** No entanto, sabemos que a obra, realmente, é daquele cujo nome figura no volume. O que se passa é que transmitir o estilo integral é uma tortura para certos médiuns, como trabalho

> exaustivo para o autor, razão porque nem sempre este obrigará seus medianeiros ao penoso labor, visto o intento de uma obra espírita ser a sua finalidade moral-educativa-doutrinária e não propriamente a simples realização literária. (grifos do original)

Assim, percebe-se que nem todos os médiuns têm a possibilidade de transmitir, integralmente, o estilo dos espíritos que escrevem, nem isto será um indicativo indispensável à comprovação da autoria. Os que pensam encontrar, nisto, um argumento forte para contraditar a origem dos textos psicografados, revelam desconhecer as nuances do fenômeno, suas peculiaridades.

Quando o espírito comunicante tratar-se de personagem conhecida, escritor a cujas obras se possa ter acesso, poder ser de bom tom que o médium leia seus escritos, mergulhe em seu universo literário, para melhor se ambientar com suas ideias e com seu estilo, estabelecendo melhor sintonia para garantir uma produção, o mais próxima possível do seu desejo.

Foi a isso que Yvonne Pereira se referiu, ao dizer que, caso conhecesse a obra de Léon Tolstoi, os contos teriam saído com melhor qualidade literária. Isto não significa que ela, ou o médium que busque esse recurso, irá "copiar" o estilo do espírito comunicante, absolutamente! O mecanismo, aqui, é semelhante ao que os espíritos utilizavam com ela, através do desdobramento: o conhecimento prévio da história dos romances que seriam ditados facilitava a transmissão, rompendo algumas barreiras que naturalmente se interpõem entre o pensamento do espírito e a sua tradução na mente do médium. Quando a história é conhecida, torna-se mais fácil a sua recepção, com as cores e os detalhes que lhe queiram emprestar o autor espiritual.

No caso do estilo, o processo é o mesmo: conhecer a obra, sentir as preferências literárias, envolver-se pelo pensamento do espírito auxilia o médium, desde que ele possua, como era o caso de Yvonne Pereira, características mediúnicas que permitam a transmissão do estilo, parcial ou integralmente.

4ª CARTA:

Rio, 01. 08. 1965

Prezado irmão e amigo,
Dr. Domério:

Paz e saúde é o que desejo ao Sr. e Exma família, com muitas bênçãos e prosperidades para o seu lar.

Recebi suas cartas de 13.06, ainda em Volta Redonda, e de 18.07, já aqui no Rio. Do hospital, onde me achava com o meu irmão, escrevi um postal, agradecendo o retrato do prezado irmão com os dois filhinhos, mas vejo que o mesmo não chegou às suas mãos, em vista dos dizeres da carta de 18.07. Conservarei com todo carinho essa foto no meu álbum, ao lado de outras fotos da família e de amigos igualmente queridos. Na primeira oportunidade retribuirei a consideração, o que no momento deixo de fazer por não dispor de nenhuma. Raramente tiro retratos, fico tão mal (pior do que sou), que desanimo de oferecê-los aos amigos, temendo decepcioná-los. Mas, apesar disso, quando tirar alguma foto, retribuirei sua atenção com todo prazer.

Regressei ao Rio há dias, tendo deixado o meu irmão já em casa, em muito boas condições. Espero em Deus que as melhoras dele se acentuem e ele possa viver ainda algum tempo. Foi uma vitória bonita que todos nós tivemos, e a misericórdia de Deus agiu de forma impressionante. Demorei a escrever, comunicando meu regresso, porque estava e ainda estou me refazendo para reiniciar as tarefas que me são afetas; ponho em dia a correspondência, que ficou muito atrasada, enfim, peço desculpas pela falta involuntária.

Entretanto, já recomecei o trabalho mediúnico interrompido. Sinto-me muito bem amparada, de forma que acredito que ainda possa servir para alguma coisa, dentro da Doutrina. Creio mesmo que agora entrarei numa fase de atividades intensas no setor intelectual, pelo menos sinto isso esvoaçando em torno de mim. Imagina o Sr., que uma sobrinha minha, de 22 anos, professora, foi indicada pela SPLEB (Sociedade Pró Livro Espírita em Braile), para traduzir o meu *Memórias de um suicida*, para cegos. Há dois anos que isso aconteceu e ela ainda não terminou o primeiro capítulo, não dispondo de tempo para o trabalho. Há dias, porém, durante meu trabalho, disseram-me aos ouvidos: - "Ela não fará esse trabalho porque o dever é teu e não dela.... Mãos à obra, pois".

De forma que tenho de aprender o alfabeto Braille para traduzir aquele livro para os cegos. Camilo era cego, voltará, ou já voltou cego, e terei de fazer isso também para ele e por amor a ele. Vê o irmão ao que nos leva essa Doutrina admirável? Estudo também o Esperanto e necessito que as preces do amigo me ajudem um pouco.

Despeço-me recomendando-me ao Domerinho e a Silvana, ambos muito simpáticos e angelicais. Serão levados, também? O jeitinho é de serem inteligentes e muito vivos. Que Jesus os abençoe e proteja, e também a sua esposa, é o que desejo. E me subscrevo irmã na fé espírita e serva agradecida.

* * *

Nem tudo são flores em nossa caminhada. Também na dos médiuns, que nada mais são do que pessoas, isso é uma verdade. Por vezes, recebemos incumbências dos Amigos Espirituais que, infelizmente, não conseguimos atender a contento.

Conforme as informações de Yvonne, ela possuía o dever de aprender o alfabeto Braille com o fim de traduzir o *Memórias de um suicida*, permitindo que cegos, qual o próprio Camilo Castelo Branco reencarnado, pudessem melhor conhecer o importante apelo do livro.

O tempo, porém, não lhe foi favorável, e a tarefa teve que ficar para depois...

Para consolo nosso e da própria Yvonne, verificamos, junto ao site da Sociedade Pró-Livro Espírita em Braille, que uma tradução do livro *Memórias de um suicida* em braille encontra-se disponível no acervo da SPLEB, disponível para empréstimo em todo o Brasil.

5ª CARTA:

Volta Redonda, 05.06.1965

Caro irmão Dr. Domério:

Paz, saúde e prosperidades dos dois planos é o que desejo ao Sr. e sua querida família, ao iniciar a presente depois do longo e involuntário silêncio. Tenho em mãos suas prezadas cartas de 29 de Março e de 9 de Maio. A última, só agora recebi, pois encontro-me em Volta Redonda desde 25 de Março e a primeira recebi há muitos dias, mas não tenho tido serenidade para escrever coisa alguma, devido às preocupações decorrentes da enfermidade do meu irmão. Peço inúmeras desculpas pelo prolongado silêncio, ao mesmo tempo que agradeço, de todo coração, as boas palavras das suas cartas. Não mereço tanto acato, meu irmão, sinto que sou apenas uma trabalhadora, que penosamente se reergue de quedas passadas. Mas agradeço a sua consideração, porque tudo isso se transforma em precioso estímulo, chamando-me à responsabilidade e levando-me ao desejo de realmente adquirir as boas qualidades de que me julgam portadora. Muito obrigada, pois, ao prezado irmão e sua Exma esposa, pela atenção e o carinho que tão generosamente me dispensam.

Prezado irmão, o motivo do meu silêncio tem sido a enfermidade do meu irmão Paulo Anibal. Ele tem passado muito mal e, em vista disso, resolvi me transferir para esta cidade até ver. Escrevo do hospital da Companhia Siderúrgica Nacional, onde meu irmão tem estado internado e eu com ele, fazendo-lhe companhia. Desde dezembro eu não parava nem no Rio, nem aqui, e em março então resolvi ficar aqui de vez, até que seja necessária a minha presença. Somente vou ao Rio uma vez ao mês, razão pela qual minha correspondência está toda atrasada. A doença dele é muito grave, incurável, os médicos têm trabalhado para conseguirem contorná-la e ver se ele vive ainda um pouco. Trata-se de nefrite, que já atacou o coração. Estou, portanto, paralisada com todos os meus afazeres espirituais, pois o ambiente é heterogêneo, em casa do meu irmão não consegui condições nem para estabelecer o culto do Evangelho no Lar. Ultimamente, ele tornou-se umbandista e estes irmãos me vêm hostilizando de modo incrível. Tenho tido paciência... Mas sofro e recebo o momento atual como mais um testemunho que preciso dar à lei de Deus. De forma, meu irmão, que não me tem sido possível escrever normalmente aos amigos, o que muito me penaliza, visto que a única verdadeira alegria do meu coração é a convivência com os meus irmãos de ideais espíritas.

Espero que o Sr. tenha se restabelecido do cansaço da viagem e que continue satisfeito na capital paulista. A vida nas grandes cidades é bem melhor. Eu não suporto cidades pequenas, a intriga e a maledicência são intoleráveis nessas localidades. Acredito que o irmão se dará muito bem em São Paulo e vou escrever aos meus amigos para que o visitem. Um dele será o Joaquim Alves, criatura boníssima, um verdadeiro artista, pianista, pintor, enfim, pessoa de grande valor. Espero que o Sr. se sinta muito feliz com todos eles. O Divaldo Franco é muito meu amigo, pessoa de valor incontestável, estou certa que o irmão gostaria muito dele, se o conhecesse. Presentemente ele está no Rio fazendo uma série de conferências. Estará, amanhã, no Lar Irmão Pedro, do Geraldo de Aquino, e dia 13 na FEB. Amanhã irei ao Rio, mas muito rapidamente, não poderei ouvi-lo nem falar-lhe, dessa vez. O endereço para a Bahia é – Rua Machado Monteiro, 46 – Salvador – Bahia. O Newton Boechat é uma inteligência e uma cultura peregrinas. Quero muito bem a ambos e reconheço o valor que têm.

Quanto a minha visita a São Paulo, não poderá ser agora. Estou com o meu programa de atividades completamente alterado com a enfermidade do meu irmão. Alias não posso passear muito, porque isso altera as boas disposições para o trabalho espiritual, é difícil mesmo que eu possa passear e somente o faço quando recebo permissão dos meus dirigentes espirituais, mas isso jamais acontece quando recebo ou quando estou recebendo algum trabalho psicográfico. Irei a São Paulo, sim, mas não posso precisar a ocasião; quando for, terei a satisfação de visitá-lo e à sua esposa.

Sobre o desejo do seu cunhado de obter "revelações", não será impossível. Mas requer muito trabalho, muita dedicação e renúncia. A coisa não é fácil, porque ainda não apreendemos a receber as dádivas da revelação. O assunto é profundo e não poderei me alongar mais. Eu também sou prolixa na escrita, quando começo a escrever, esqueço de parar. Por isso, não repare as cartas longas. De modo que o Sr. poderá escrever conforme entender, porque me dará muita satisfação. Minha correspondência com o engenheiro de Varsóvia vai muito bem. Parece incrível tal afinidade entre duas almas tão distantes. É um encanto. E só Deus sabe se realmente somos almas estranhas. Talvez estejamos apenas separados por alguma dolorosa provação. Ele parece ter muito valor, pois é poliglota, engenheiro, faz um curso para "magister-engeniero" (professor de engenharia, especialidade em mecânica). O nome eu nem sei pronunciar: - Zbigniew Plesinski -, apenas sei pronunciar o sobrenome. Enfim, o Esperanto serve admiravelmente à causa da Fraternidade.

Terminando, recomendo-me à sua esposa com todo meu carinho e simpatia, desejando que o filhinho continue o melhor aluno da classe. Quando escrever, poderá endereçar para esta cidade, não ao Rio. E com os meus agradecimentos, sou a irmã de sempre,

Yvonne

* * *

O necessário equilíbrio entre os deveres da família e os deveres espíritas é algo que todos devemos aprender. Por vezes, negligenciamos os diversos compromissos com nossos familiares, entre filhos, companheiros e parentes em geral, sob a justificativa de que devemos "seguir Jesus", esquecendo que também servimos a Jesus na família.

Yvonne Pereira exemplificou isso em diversos momentos de sua vida. Conhecemos relatos, de seus livros e de pessoas que a conheceram, que dizem das muitas vezes que precisou mudar de cidade, temporariamente, para auxiliar na recuperação de parentes enfermos, como foi o caso do irmão Paulo Aníbal, em 1965, na cidade de Volta Redonda, Rio de Janeiro.

Apesar das dificuldades enfrentadas, em função das opções religiosas do irmão, a médium manteve-se firme e confiante, buscando cumprir seu papel sem afrontas, respeitando as escolhas do irmão e, sobretudo, preservando aquele momento tão delicado para ele.

Digno de nota, também, o carinho demonstrado por Divaldo Franco. Como dissemos acima, Yvonne lhe devotava um carinho especial que, pelo que nos parece, era recíproco.

Graças ao auxílio de Sandra Ventura, confreira que muito tem trabalhado pela divulgação da vida e da obra de Yvonne Pereira, tivemos acesso a um cartão postal e uma carta endereçadas por Divaldo, que apresentamos aqui em *fac-símile*:

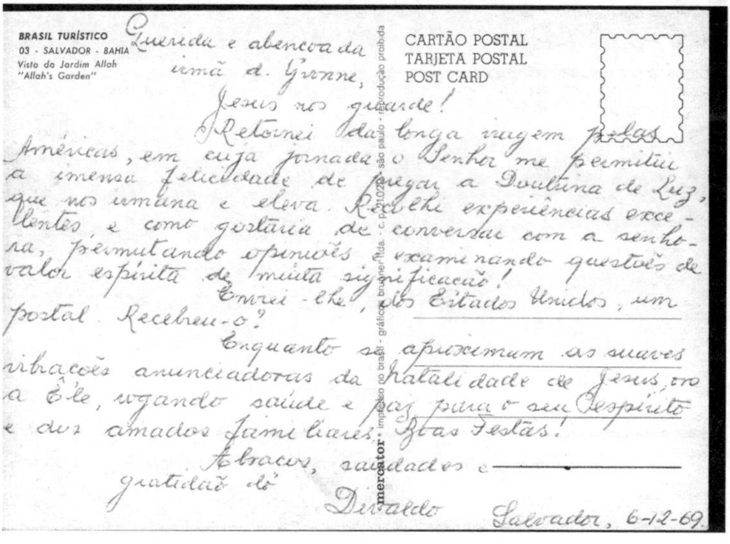
BRASIL TURÍSTICO
03 - SALVADOR - BAHIA
Vista do Jardim Allah
"Allah's Garden"

CARTÃO POSTAL
TARJETA POSTAL
POST CARD

Querida e abençoada irmã d. Yvonne,

Jesus nos guarde!

Retornei da longa viagem pelas Américas, em cuja jornada o Senhor me permitiu a imensa felicidade de pregar a Doutrina de Luz, que nos ilumina e eleva. Recolhi experiências excelentes e como gostaria de conversar com a senhora, permutando opiniões e examinando questões de valor espírita de muita significação!

Enviei-lhe, dos Estados Unidos, um postal. Recebeu-o?

Enquanto se aproximam as suaves vibrações anunciadoras da Natalidade de Jesus, oro a Êle, rogando saúde e paz para o seu Espírito e dos amados familiares. Boas Festas!

Abraços, saudades e gratidão do

Divaldo

Salvador, 6-12-69.

Cartão postal escrito por Divaldo Franco, enviado de Salvador/BA

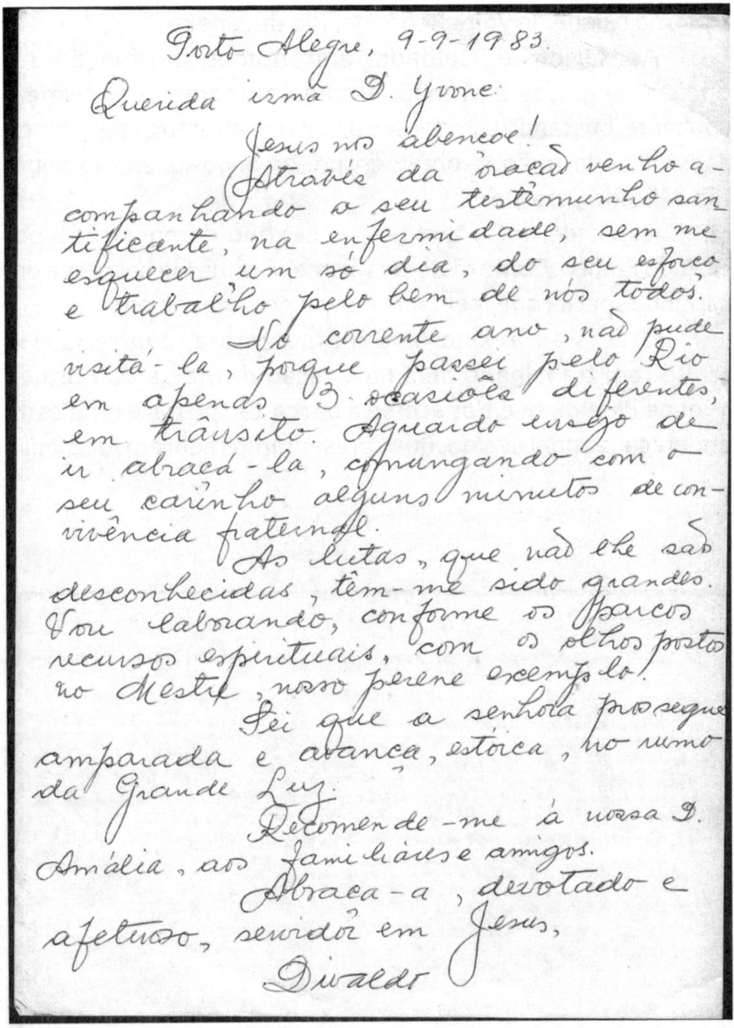

Porto Alegre, 9-9-1983.

Querida irmã D. Yvone:

Jesus nos abençoe!

Através da oração venho acompanhando o seu testemunho santificante, na enfermidade, sem me esquecer um só dia, do seu esforço e trabalho pelo bem de nós todos.

No corrente ano, não pude visitá-la, porque passei pelo Rio em apenas 3 ocasiões diferentes, em trânsito. Aguardo ensejo de ir abraçá-la, comungando com o seu carinho alguns minutos de convivência fraternal.

As lutas, que não lhe são desconhecidas, têm-me sido grandes. Vou labrando, conforme os parcos recursos espirituais, com os olhos postos no Mestre, nosso perene exemplo.

Sei que a senhora prossegue amparada e avança, estoica, no rumo da Grande Luz.

Recomende-me à nossa D. Amália, aos familiares e amigos.

Abraça-a, devotado e afetuoso, servidor em Jesus,

Divaldo

Carta escrita por Divaldo Franco e enviada de Porto Alegre/RS.

Havia respeito e admiração recíprocos, fato que já havíamos registrado no nosso livro *Yvonne Pereira: uma heroína silenciosa*, de 2003.

6ª CARTA:

Rio, 30.10.1965

Prezado irmão Dr. Domério:

Paz, saúde e alegrias é o que desejo ao Sr. e sua querida família.

Acuso o recebimento de suas atenciosas cartas de 17 e 24 de Outubro, a última acompanhada do retrato do nosso querido amigo Cairbar Schutel. Agradeço a presteza com que o irmão atendeu o meu pedido e fico aguardando a correspondência do irmão José Cunha com os dados biográficos necessários. Agora, no mês vindouro (novembro), pretendo trabalhar com fervor nas biografias para a Enciclopédia. Ao que parece, o trabalho do irmão Zalmino será magnífico. Ele é muito culto e pretende apresentar uma Enciclopédia com definições espíritas: mediunidade, perispírito, fenômenos em geral etc., além de biografias de outros operantes do Espiritismo. O Dr. Zalmino é juiz de Direito em Venâncio Aires, R.G.S, conta apenas 33 anos de idade, criatura que impressiona pela singeleza de maneiras e modéstia. Nasceu de família judaica, mas converteu-se espontaneamente ao Espiritismo e arrastou toda família à conversão. Os pais são russos, mas residem no Brasil há mais de quarenta anos. Ele nasceu no Rio Grande, é um dos amigos queridos do meu espírito e o seu passado de espírito existe num livro meu. Muito antes de conhecê-lo foi que recebi esse livro, e deu tudo certo, certíssimo. São fatos muito bonitos da nossa Doutrina, que fortalecem a nossa fé, não acha?

Mas, a Enciclopédia, creio que não sairá a lume tão cedo. Ele ainda não tem nada escrito, apenas os nomes estão abertos. Se ele não residisse tão longe, eu poderia ajudá-lo mais nas definições, pois as conheço bem. Mesmo assim, farei de tudo para colaborar com ele o melhor possível. De qualquer forma, o seu pedido, para reservar um volume, será levado em consideração.

Espero que sua senhora esteja melhor da urticária. Uma sobrinha minha, daqui, está assim, também. O irmão dela, que é acadêmico de medicina, hoje receitou um remédio, dizendo ser muito bom, mas sem exame pessoal não convém tomá-lo. Não trabalho mais em receitas, por isso deixo de mandar uma. Mas sei que aí, na capital de São Paulo, existem médiuns receitistas bons.

Agradeço, de todo coração, as preces que o irmão e sua família têm feito pelo Paulo e a Zanete. Ele está melhor, mas ainda hospitalizado. Quanto a ela, já tivemos a graça de algumas notícias. Já conhece o próprio estado e foi recebida pelo espírito de Dr. Bezerra. Ele próprio mostrou-me a cena, esses quadros retrospectivos. Foi uma beleza! Ela assistiu o sepultamento, ainda confusa e, nesse momento, foi que despertou. Teve uma crise, espécie de crise nervosa. Mas ele tornou-se visível a ela, afastou-a do local, amparando-a qual um pai ou um médico amigo. Está sob proteção dele. Isso conforta-nos, pois ela o amava muito, em espírito também. Nossa Doutrina é, de fato, a revelação celeste, tão linda e consoladora, que nos ampara em todas as situações.

Também eu fui muito amiga de Cairbar e tive nele um grande amigo, apesar de não nos termos conhecido pessoalmente. Vou ver se consigo alguma notícia dele. Ainda hoje não escreverei aos dois irmãozinhos, mas o farei algum dia. Recomendo-me a ambos e a D. Rosa, a todos abraçando com sincera estima. Despeço-me reiterando os votos de paz. Da irmã e serva.

Yvonne

* * *

Começaremos nossos comentários esclarecendo a quem Yvonne se refere, ao mencionar o nome Zanete. Trata-se da esposa de seu um sobrinho seu, cuja história está inserida em carta do dia 2 de outubro de 1965, que suprimimos deste volume por conter informações repetidas de outras cartas, mas da qual transcreveremos o trecho que se segue, para melhor compreensão do caso relatado:

> Outros acontecimentos muito dolorosos surpreenderam-nos agora, e por isso esta carta está carregada de tristezas. Uma sobrinha nossa, casada com meu sobrinho César Augusto, jovem espírita muito conhecido no Rio de Janeiro, morreu subitamente no dia 21, devido a uma injeção de penicilina, receitada pelo médico. O meu sobrinho mesmo aplicou-a, e a morte, pode-se dizer, foi fulminante. Mas os médicos, no Pronto Socorro, tentaram fazer o coração funcionar. Conseguiram, e também a circulação do sangue, mas ela não recuperou mais os sentidos e, no dia seguinte, expirou, sem ter deixado a mesa de operação. Tratava-se apenas de vida orgânica, fluido vital, pois ela já estava morta quando chegou ao hospital. Era uma moça bonita, 22 anos de idade, professora, e meu sobrinho estava casado há 2 anos, apenas. Felizmente, as duas famílias são espíritas e deram o testemunho à altura do Consolador, inclusive o meu sobrinho, que conta apenas 28 anos de idade. Caso o irmão possa, peço a caridade de uma prece para a falecida, cujo nome é – Zanete de Lucena Lourenço. Por tudo isso meus trabalhos sofreram pequena interrupção, inclusive a correspondência.

Foi a propósito da desencarnação da jovem Zanete que Yvonne narrou o atendimento realizado por Dr. Bezerra de Menezes. No caso em tela, a recém-desencarnada despertou no próprio sepultamente, compreendendo quanto lhe acontecia, sendo imediatamente socorrida pelo *médico dos pobres* e encaminhada para o atendimento necessário.

Também merece nossa atenção o nome de Zalmino, mencionado na carta. Trata-se do confrade Zalmino Zimmermann, trabalhador do Centro Espírita Allan Kardec, em Campinas/SP, que prestou grandes serviços ao Movimento Espírita brasileiro, com suas exposições doutrinárias e com os livros que escreveu.

Fundador e ex-presidente da Associação Brasileira de Magistrados Espíritas – ABRAME –, foi juiz de direito, juiz federal e era, também, formado em Psicologia, tendo desencarnado no dia 19 de maio de 2015.

Yvonne Pereira fala do esforço de Zalmino para elaborar uma Enciclopédia Espírita. Até onde sabemos, tal trabalho não foi publicado, talvez cedendo lugar para o seu livro *Compêndio de Espiritismo*.

Fato que despertou nossa atenção foi a seguinte revelação: "o seu passado de espírito existe num livro meu". Tão logo tivemos tal informação, a mente nos remeteu à lembrança de um diálogo travado, anos atrás, com Dora Incontri, que disse ter ouvido de Yvonne Pereira que o personagem central de um dos seus livros estaria reencarnado em Campinas, atuando como magistrado e que tinha dado, a alguns de seus filhos, nomes de personalidades espíritas ou que são referências para os espíritas.

De posse dessas informações e partindo dessa suspeita, buscamos informações sobre Zalmino, vindo a saber que ele nascera em 03 de outubro de 1931 (mesma data do nascimento de Allan Kardec), sendo casado e que teve filhos, dentre eles Allan, Sheila, André, Paulo e Pedro. Logo, tratava-se de um magistrado espírita, residente em Campinas, com filhos que traziam nomes de personalidades espíritas (Allan, Sheila, André) ou referências para os espíritas (Paulo e Pedro) e que, conforme escrito pela própria Yvonne, era personagem de um dos seus livros.

E de que livro estamos tratando? Segundo Dora Incontri, as informações de Yvonne referiam-se ao personagem Gaston, do romance *Amor e ódio*. Curiosamente, o citado personagem, amigo de Victor Hugo, Allan Kardec e Chopin, foi vítima de um erro judicial, que o condenou ao degredo na Guiana Francesa, tornando-se magistrado na atual encarnação para servir à Justiça.

Conforme informações da médium, no capítulo sexto do livro *Devassando o invisível*, o espírito Charles a levou, em desdobramento, à presença de Gaston, Chopin e Victor Hugo, que tencionava, ele mesmo, relatar o drama de Gaston através da psicografia de Yvonne. O desdobramento teria acontecido em 30 de junho de 1931. Considerando que Zalmino nasceu no mês de outubro do mesmo ano, a gestação já se encontrava em curso.

A história de Gaston, afinal, foi escrita por Charles. Na época do desdobramento, Victor Hugo, depois de projetar a história a Yvonne, alegou a Charles que teria muito trabalho para preparar a médium a seu gosto, pedindo-lhe que escrevesse, ele mesmo, o drama do reencarnante.

Em 1955, afirma Yvonne, Charles se apresentou para escrever, definitivamente, a história de Gaston, que desde 1931 já se encontrava reencarnado e militando, agora jovem, na seara espírita.

Como vemos, as pistas deixadas por Yvonne, o diálogo relatado por Dora Incontri e a confirmação das datas registradas pela médium convergem para a nossa suspeita: Zalmino Zimmermann e Gaston seriam o mesmo espírito! Naturalmente que deixamos bem claro tratar-se de uma suspeita, sem a possibilidade de confirmação absoluta. Entretanto, tal é a nossa convicção e o reconhecimento da vitória lograda pelo Gaston reencarnado, que nos animamos ao relato, pelo valor que encerra e pelas lições que nos deixa.

E, para finalizar, gostaríamos de reproduzir as palavras de Charles na introdução de *Amor e ódio*, que foi dedicado à juventude espírita brasileira e que também se apresenta como um convite à leitura do belo romance:

> [...] esse Gaston, a quem te habituarás a querer no decorrer da leitura, hoje reencarnado em terras do Brasil, poderá até mesmo vir a ler a sua própria história nestas páginas, pois, como tu, é jovem, coração e mente alcandorados pelas alvíssaras da Doutrina dos Espíritos. Conheci-o na França de Luís Filipe. E, conquanto não se tratasse de um titular, como aqui o coloco, mas de inspirado artista do verso e da música, foi, efetivamente, aluno gratuito do professor Rivail, operoso profissional tipográfico, merecendo a confiança do Sr. Victor Hugo para a composição das suas peças. Muitos nomes que ilustraram a literatura francesa da época recebiam de suas mãos os poemas encomendados, bem assim discursos em boa prosa e arrebatadoras canções musicadas, aos quais assinavam e publicavam como se de sua lavra fossem, validando ainda mais, assim, a glória de que se ufanavam, enquanto o verdadeiro autor, paupérrimo, de suas bolsas obtendo a remuneração, apenas era felicitado por sua pobre mãe, a quem adorava, e da qual era o único arrimo! Uma infeliz paixão de amor por certa dama da aristocracia ensejou o drama que motivou estas páginas. Acusado de crimes que não praticou, vítima de represálias odiosas, viu-se relegado a um degredo aviltante pela força imperialista de Napoleão III... e certamente teria sucumbido à pena última

não fosse a intervenção generosa de Rivail. No mundo astral, em dia festivo para o Reformatório da Legião dos Servos de Maria, onde tenho a honra de professar ao lado de nobres vultos da Espiritualidade, ele próprio narrou a sua história, precisando detalhes que desconhecíamos, às vésperas de se internar em novas formas carnais, há cerca de vinte anos. Fê-lo por solicitação do grande Hugo, de quem foi inseparável no Além-Túmulo, e por quem até ali fora conduzido em visitação fraterna. Peço-te vênia — Juventude Espírita do Brasil — para alterar, em teu benefício, o epílogo deste drama. Não perderás com isso... e, quanto a mim, assim agindo, estarei certo de que, terminada sua leitura, fecharás o livro com um sorriso amável para este amigo que, no Espaço, assumiu grandes compromissos para contigo...

7ª CARTA:

Rio, 27 de Agosto de 1966

Prezado amigo Dr. Domério,
Paz e saúde.

Recebi suas cartas de 3 de Julho e 20 de Agosto 1966. Tenho estado com a correspondência muito atrasada, por essa razão tardei um pouco em escrever ao prezado irmão. Ultimamente, tenho a saúde muito alterada, e isso, mais do que os afazeres, tem impedido o grato dever de escrever aos amigos com assiduidade, coisa que tanto me conforta.

Congratulo-me com o irmão pela transcrição do seu artigo doutrinário pela Revista Espiritualista de Lisboa. Realmente, isso é significativo para quem escreve e também para nós outros. Nada é perdido, meu irmão. Deus se serve dos nossos menores gestos de boa vontade para beneficiar os sedentos de luz e progresso. Há quem se comova até às lágrimas diante de uma pequenina mensagem que recebemos, diante de um artigo publicado num de nossos jornais! E há quem se modifique e renove os próprios sentimentos ao ouvir uma palestra dos nossos oradores! Isso é encantador, estimulante precioso para nós, que nos comprometemos com os serviços do Consolador. Que o irmão continue a espargir as luzes da inspiração, que desce por seu intermediário, aos corações necessitados, são os meus votos.

Quanto a mim, continuo no meu posto. Tenho trabalhado. O livro entregue à FEB, ou melhor, os originais, foram aprovados, graças a Deus. Agora estou tentando um para crianças. Mas sinto certo desânimo, porque a saúde não está ajudando bastante. Ao demais, escrever para crianças é muito difícil, mormente agora, quando a literatura moderna vicia a mente do jovem, tornando-a preguiçosa. A Doutrina Espírita não pode se apresentar adulterada só para agradar o momento atual. E a criança, se aguenta a brutalidade do cinema, da televisão, da leitura em quadrinhos e também o estudo das matemáticas, porque não aguentará uma nesga da Verdade? Vamos ver se posso algo fazer para a criança.

Felicito-o por haver encontrado um ambiente afim. Deus abençoe seus esforços para o bem. E termino, meu irmão, porque estou saindo para o Centro. Recomendo-me a D. Rosa e às crianças e sou, como sempre, a irmã e amiga devotada de sempre.

Yvonne

* * *

No final da existência, Yvonne Pereira esteve mobilizada no preparo de livros infanto-juvenis. Tais livros estavam inéditos e, recentemente, foram cedidos pela família da médium à Federação Espírita Brasileira, que publicou os quatro que não se perderam pela ação do tempo.

Assim, *A família espírita*, *As três revelações*, *Contos amigos* e *Evangelho aos simples* vieram a lume, graças ao incansável esforço de Affonso Soares, tratando de todas essas questões a que Yvonne se refere nesta carta e às quais também se referirá em outras, mais à frente.

Sua proposta era, como deixou claro, tratar dos assuntos espíritas sem deturpá-los, a pretexto de ficar mais "palatável" à infância. Em sua opinião, "a Doutrina Espírita não pode se apresentar adulterada só para agradar o momento atual. E a criança, se aguenta a brutalidade do cinema, da televisão, da leitura em quadrinhos e também o estudo das matemáticas, porque não aguentará uma nesga da Verdade?"

As palavras de Yvonne a respeito da serventia de artigos e palestras doutrinárias são bastante consoladoras. Nem sempre aqueles que escrevem ou realizam exposições espíritas têm a verdadeira dimensão das atividades que realizam, ignorando o quanto podem influenciar leitores e ouvintes.

Como lembra a *pupila de Charles*:

> Há quem se comova até às lágrimas diante de uma pequenina mensagem que recebemos, diante de um artigo publicado num de nossos jornais! E há quem se modifique e renove os próprios sentimentos ao ouvir uma palestra dos nossos oradores!

E tudo isso é bem verdade. Às vezes, quem escreve ou quem fala pode até fazê-lo mecanicamente; contudo, o destinatário daquela mensagem pode se sentir tocado de tal modo, seja por todo o conteúdo, seja por um aspecto apenas, a ponto de permitir, em si, um movimento positivo de mudança, renovando-se para o enfrentamento da vida.

Quando escritores e expositores escrevem e falam com o coração, com sentimento verdadeiro, tal ação benéfica ainda se faz mais intensa. Daí a importância do devido preparo, pois se tratam de tarefas sérias, de graves repercussões.

Afinal, como lembra Yvonne, "isso é encantador, estimulante precioso para nós, que nos comprometemos com os serviços do Consolador"!

8ª CARTA:

Rio, 18.06.1967

Prezado irmão, Dr. Domério:

Tenho, em mãos, a sua estimada carta de 10 de Abril, à qual respondo desejando que o irmão e sua família desfrutem boa saúde, sempre protegidos pelas bênçãos do Alto. Eu intencionava escrever há muito tempo, mas com a correspondência acumulada, somente hoje cumpro esse grato dever.

Há dias recebi telefonema do Newton Böechat, dizendo-me que o Sr. lhe escrevera e perguntara por mim. Muito obrigada pelo seu fraternal interesse por mim, desejando saber de minha saúde. Já fui operada, sim, desde o dia 3 de Abril. Estive vinte dias hospitalizada, sofri muito, mas fiquei livre da vesícula, a qual continha 460 pedras. Agora vou me recuperando lentamente, passando bem, sem nenhuma novidade. Já reiniciei o trabalho mediúnico e espero em Deus ainda conseguir algo para a nossa Doutrina.

Envio os parabéns para Domerinho pelo eficiente estudo de violão. É um instrumento muito bonito e romântico, que fala muito à nossa alma. Faço votos de que ele tire um curso brilhante, a fim de se tornar um exímio violonista, coisa rara em todos os tempos. Eu aprendi um pouco de piano, mas não pude terminar o curso, coisa que tem sido um grande desgosto para mim. E agora passei dois anos sem tocar, o piano foi renovado e está se estragando por falta de exercício. Sou obrigada então a "batucar" qualquer coisa, para ver se o salvo da ruína completa. Mas acontece que eu só gosto e entendo a música clássica, sou incapaz tirar um samba... Creio mesmo assim, meu irmão, que só tenho o direito de sofrer, porque nem mesmo a satisfação de cultivar a música eu tive. E sou de uma família de músicos! A música é um grande lenitivo para nossa alma. Aconselho ao Domerinho a cultivá-la com amor. As artes, em geral, precisam de cultivadores sinceros, amorosos e idealistas, para se reerguerem desse utilitarismo exagerado que a desfigura.

Congratulo-me com o irmão pela adaptação de um meio espírita afim. Compreendo as dificuldades que o Sr. sentiu em se adaptar, porque a prática do Espiritismo está muito personalizada, sofisticada, desfigurada. Isso entristece nossa alma. Eu não frequento mais centros espíritas, limito-me à FEB e aos trabalhos em casa, mesmo. Há centros bons, mas muito distantes da Piedade; outros são bons doutrinariamente, mas adotaram cânticos até para fazerem os passes e curar doentes. Eu não admito isso, creio que é influência umbandista. Sempre fiz passes e curei muitos doentes e nunca usei cânticos. De forma que considero tudo isso personalismo e infiltração perigosa, e não frequento mais nenhum núcleo. O nosso centro, aqui do Méier, é bom, mas nem mesmo esse tenho frequentado ultimamente.

Esta carta foi iniciada dia 18, mas concluída dia 23. Não tenho passado bem de saúde, muito trabalho e preocupações me têm alterado muito, principalmente o estado moral. Peço não me esquecer em suas preces, mais do que nunca me sinto necessitada desse divino bálsamo. Peço também pela minha irmã suicida Celina Bernardes Carmelita, de Uberaba. É irmã de um grande amigo meu, Padre Sebastião, também espírita. Ela era médium e trabalhava em sessões e na assistência da LBV. Apesar disso, suicidou-se ingerindo um tóxico.

Recomendo-me a D. Rosa e às crianças, com a simpatia de sempre. Que Deus proteja e abençoe o seu lar, é o desejo da irmã e amiga de sempre.

Yvonne

* * *

Yvonne Pereira, nesta como em outras cartas, demonstra uma preocupação muito grande com o que ela chama de "personalismo e infiltração perigosa". Naquela época, em função do pouco estudo de muitos confrades que passaram a assumir a direção das Casas Espíritas, iniciava-se uma grande mistura das práticas espíritas com as práticas umbandistas.

Naturalmente que, ao falarmos desse assunto, não pretendemos diminuir a Umbanda e exaltar o Espiritismo. A questão não está, necessariamente, em pretender que um seja superior à outra, não mesmo. O nó do problema está numa indevida mistura de práticas que, como já tivemos oportunidade de dizer, em diversos momentos, não deve implicar nem na *umbandização* do Espiritismo, nem na *espiritização* da Umbanda.

A médium Yvonne Pereira, nada obstante a energia com que se insurgia com a ritualização das práticas espíritas, a ponto de se adotarem cânticos para as reuniões de passes e curas espirituais, também nutria grande respeito pela Umbanda e pelos que nela trabalham, encarnados e desencarnados. É o que diz no livro *Pelos caminhos da mediunidade serena* (2013, p. 113), quando lembra que Charles se serviu de espíritos ligados à Umbanda para resgatá-la, após seu suicídio: "Ele serviu-se da linha de umbanda. É por isso que eu respeito a umbanda". Embora a Umbanda, enquanto religião organizada, somente haja surgido em 1908, no Rio de Janeiro, acreditamos que a referência é a espíritos ligados ao Candomblé, que também atuam na Umbanda. Afinal, esta surgiu da confluência de elementos do Catolicismo, do Candomblé e do Espiritismo.

Assim, a assertividade de Yvonne, ao repreender o uso dos cânticos no momento dos passes e nas reuniões de cura, não advinha de um julgamento depreciativo da Umbanda, mas da indevida ritualização as práticas espíritas com a utilização de seus elementos, o que bem poderia ocorrer – como de fato ocorre, também na atualidade – com a mistura de elementos do culto católico, protestante ou de qualquer natureza.

9ª CARTA:

Rio, 19.08.1967

Prezado irmão e amigo, Dr. Domério:
Paz.

Tenho, em mão, duas cartas suas, às quais respondo com a fraternidade de sempre, desejando que o Sr., D. Rosa e filhos continuem desfrutando boa saúde e muitas alegrias. Quanto a mim passo melhor, depois de um período de muito desânimo e tristeza, diante das lutas e das angústias da vida. Os trabalhos doutrinários aumentaram de muito para mim e isso é bom, porque conforta e me obriga a preocupações mais elevadas, não permitindo que me demore a pensar nas incompreensões que me cercam. Eu não queria mais trabalhar em palestras e exposições doutrinárias para o público, nos centros espíritas, e não queria devido às displicências, ao abuso reinante na maioria dos ambientes espíritas, onde só se vê festas, hinos, teatros etc., e nada de legítima Doutrina Espírita. Mas Dr. Bezerra mandou--me voltar a esse trabalho, porque a Doutrina anda muito mal interpretada, há muitos oradores, mas a maioria pouco conhece o assunto. O misticismo doentio, fanático, domina e, então, não é justo que, podendo algo fazer, cruzemos os abraços. Isso está sendo bom para mim. É uma responsabilidade grande, muito do meu feitio, pois gosto de responsabilidades. Evito, porém, os centros-clubes, porque os considero antros de mistificações prejudiciais à pureza da Doutrina. O Sr. tem toda razão no que se queixa, doutrinariamente falando. Tantas obras boas que possuímos, mas ninguém lê, não medita, não assimila, e quem sofre é a Doutrina, que fica desacreditada no conceito das pessoas criteriosas que não a conhecem bem.

Enfim, penso que tudo isso é sinal dos tempos e que Jesus saberá intervir na ocasião oportuna.

Desejo que o irmão também esteja mais tranquilo. Temos que fazer das fraquezas, forças, meu irmão. Jesus necessita dos de boa vontade. E conquanto eu não me considere eleita, tenho consciência de que tenho cumprido o meu dever e jamais me intimidei diante de qualquer tarefa que me foi dada a realizar.

Em suas preces, peço rogar pelos enfermos cujos nomes estão no fim desta carta. Esta irmãzinha, Rita Luzia, é um caso grave. Eu sei fazer o trabalho necessário para aliviá-la, recuperando-a. Mas sou sozinha, o trabalho é de equipe e os centros espíritas estão desarvorados para os verdadeiros trabalhos do Consolador, só cuidam de festa, cânticos etc. Conforme o Sr. vê, pelo teor desta carta, eu também vivo angustiada...

Recomendo-me a D. Rosa e as crianças. Que Deus os abençoe e ampare. Abraça-os a irmã e leal amiga.

Yvonne

* * *

Mais uma vez, o assunto da personalização da prática espírita vem à tona, nesta como em outras cartas a seguir, embora com um aspecto diferente. A crítica de Yvonne não se volta, aqui, propriamente para as reuniões mediúnicas, mas para o funcionamento dos Centros Espíritas de um modo geral.

Desde os primeiros contatos com estas cartas, em 2009, temos refletido sobre as pesadas reservas da *pupila de Charles* a certas práticas que, na sua época, surgiam como novidade, mas que são extremamente corriqueiras e tidas como "normais" nos dias de hoje. Não teria sido, ela, um pouco dura demais? Não teria exagerado na dose?

Após muita reflexão, concluímos que Yvonne Pereira tinha suas razões para tecer tão severas críticas. Analisando o Movimento Espírita da atualidade, percebemos o quanto, de fato, a esmagadora maioria das Casas Espíritas encontra-se inapta para realizar as curas espirituais, tão comuns àquela época, seja através das reuniões de desobsessão, seja pelos atendimentos através de médiuns de cura e receitistas.

Aquilo que ela denunciava, já na década de 1960, cumpre-se integralmente entre nós: a grande maioria dos espíritas, sobretudo de "dirigentes", não conhece o Espiritismo a fundo; os médiuns não se dispõem às disciplinas necessárias para trabalhos mais melindrosos; os grupos têm abandonado as práticas mediúnicas, sob o pretexto de que requerem "grandes responsabilidades" – e o resultado de tudo isso é o amesquinhamento da proposta espírita, que tantos prodígios realizou, no passado, mas que segue sem grandes feitos, em função das distrações a que temos dado guarida.

A mobilização de esforços em torno de atividades que não guardam relação propriamente com a proposta espírita tem respondido pelo despreparo de grupos e médiuns, resultando na impossibilidade de atender, satisfatoriamente, aos doentes encarnados e desencarnados.

Nas próximas cartas, denúncias semelhantes serão feitas pela *pupila de Charles*, a que precisamos dar a devida importância, para benefício de nós mesmos e das tarefas a que nos dedicamos.

10ª CARTA:

Rio, 05.07.1968

Prezado amigo e bom irmão
Dr. Domério:

Paz em Jesus!

Faço os melhores votos pela sua saúde e pela prosperidade do seu abençoado lar, votos esses extensivos a D. Rosa e queridos filhos. Quanto a mim, passo bem de saúde e continuo no meu posto de trabalho, felicíssima porque o Senhor tem se lembrado de mim, confiando-me mais tarefas a realizar. Tenho, à minha frente, uma carta sua, datada de 09 de março e há dias recebi o jornalzinho com ligeiras notícias suas à margem. Peço-lhe perdão, prezado irmão, pela demora em mandar minhas notícias. Não foi esquecimento, porquanto os meus irmãos de crença são a minha verdadeira família. Foi, sim, acúmulo de afazeres. Ultimamente, tenho vivido assoberbada de operosidades mesmo fora do Rio, incentivei os serviços de assistência social, principalmente fora do Rio; oriento dois núcleos de jovens espíritas, tenho de fazer constantes estudos e buscas, até em livros profanos, históricos, para ilustrar as palestras; tenho a colaboração para "Reformador" e, agora, também para "Brasil-Espírita"; aos sábados tenho trabalho variado na FEB, inclusive atendimento a sofredores encarnados; e, acima de tudo, o trabalho mediúnico para os livros que, como se sabe, é sempre melindroso e exaustivo. Tudo isso me tem feito retardar a correspondência com os irmãos de crença, o que muito me pesa, pois é, para mim, uma satisfação a troca de notícias com todos eles.

Ainda não foi possível atender o seu convite para colaborar em "Despertador". Meus momentos são todos tomados, porque ainda devo atender certos encargos domésticos e as visitas que me procuram. Há visitas que me demoram aqui oito horas consecutivas, coisa que muito me desgasta, embora o prazer que sinto em atendê-las. Até com o estudo do Esperanto tive de parar, pois não há tempo para a dedicação a esse ideal.

Não obstante, passo bem e prossigo conformada e feliz. Tudo isso conforta e ajuda a bem suportar o fardo da existência.

Folgo em saber que D. Rosa e as crianças continuam bem e que o Sr. continua satisfeito nos labores do Núcleo Espírita que vem frequentando. Deus o conserve! Porque nem sempre conseguimos essa afinidade. Perfeição não há em parte alguma, porque nós não somos perfeitos. Mas havendo esforço e boa vontade para o progresso, tudo correrá melhor.

As demais notícias são velhas. O encantado livro *Recordações da mediunidade* saiu, finalmente, desde fins de fevereiro. Não sei se o Sr. já o possui. Caso contrário, avise-me, que enviarei um exemplar na primeira oportunidade. Não envio hoje, porque não tenho nenhum em casa.

Felizmente, creio que vem agradando, a julgar pela quantidade e qualidade de cartas que recebo a respeito. Os ensaios para crianças vão bem. O primeiro volume, creio que irá para a editora na próxima semana. Os outros dois estão sendo examinados, e o quarto está em preparo, sob cuidados do nosso amado Dr. Bezerra de Menezes. Que Deus me ajude a não decepcionar meus mestres da Espiritualidade.

Caro irmão, não se preocupe com a minha falta de notícias. Sempre que escassearem minhas noticias, é que estou assoberbada de afazeres doutrinários. Muito obrigada pelas suas fraternas atenções.

Recomendo-me a D. Rosa e às crianças e continuo, como sempre, a irmã em Jesus Cristo e amiga, que roga as bênçãos de Deus para os caros irmãos.

Deus nos abençoe.

Yvonne

* * *

Aos 67 anos, Yvonne Pereira dava uma grande lição de vida ao mobilizar suas forças para estimular novos grupos no interior do Rio de Janeiro, sobretudo grupos conduzidos por jovens. Como já dissemos linhas atrás, sua atenção se voltou, de modo especial, para a juventude, em que depositava suas esperanças não apenas de um futuro melhor para a Humanidade, mas também para o Movimento Espírita.

Graças a isso, eram muito frequentes as visitas de jovens a ela, bem como as cartas com pedidos de orientação, a que a médium atendia com boa vontade. Seu olhar ia além da idade física, para identificar espíritos maduros em corpos transitoriamente jovens.

Outro aspecto, digno de nota, é o cuidado que devemos ter, todos nós, de não abusar da boa vontade das pessoas que nos acolhem, seja em uma visita fraterna, seja para ouvir nossos problemas com sentimento fraterno. Yvonne se refere a pessoas que iam visitá-la e se demoravam "oito horas consecutivas". Nada obstante compreendermos o bem que proporciona estar ao lado daqueles a quem admiramos e que têm o que nos ensinar, o sentimento de fraternidade cristã nos ensina que não devemos cansá-los, assoberbando ainda mais suas vidas tão cheias de operosidades.

Isso vale para conversas ao telefone, "atendimentos fraternos", encontros furtivos na via pública e qualquer outra forma em que possamos verdadeiramente abusar da disposição alheia para o bem. Que tenhamos sempre muita atenção com quem temos como referência, pois também são pessoas e, portanto, carregam necessidades que precisam ser observadas e devidamente respeitadas.

11ª CARTA:

Rio, 24.01.1969

Prezado Domério

Paz e saúde, extensivos a D. Rosa e queridos filhos.

Embora um pouco tardiamente, venho agradecer os bons votos a mim enviados pelo Natal e Ano Novo. Igualmente desejo que o irmão tenha tido um Bom Natal e que o ano de 1969 lhe seja propício em alegrias, prosperidades e muito progresso espiritual.

Como sempre, o motivo do meu silêncio foi o acúmulo de trabalho, desde dezembro acrescido com a presença de vários parentes, que vêm passar as férias e descansar em nossa casa. Nessas ocasiões, o serviço doméstico é multiplicado, o serviço doutrinário não pode sofrer interrupção, motivando, então a impossibilidade de atender os amigos com a presteza devida. Peço, pois, desculpas ao caro irmão pela minha involuntária desatenção.

Tenho, à minha frente, uma carta sua datada de 20 de Julho de 1968.

Francamente, não sei se respondi essa carta. Se não respondi, responderei agora. São tantas cartas que recebo e respondo que, às vezes, não me recordo se esta ou aquela foi respondida.

Lamento que o irmão esteja tão preocupado com as lutas profissionais. Compreendo as emoções, os choques que hão de vibrar em sua alma, os litígios deste mundo, quando nossos corações aspiram à fraternidade e a paz. É uma profissão um tanto pesada para espíritas sinceros. Mas penso que é bom que espíritas sejam advogados e juízes, para que a justiça não seja sofismada ou ludibriada. Um criminoso, um marginal que seja condenado, não será um benefício para eles próprios? Durante a reclusão, poderão meditar e até se regenerar, como conheço alguns. Enfim, penso que o Sr., agindo dentro da verdade, não deverá sentir nenhum conflito íntimo. No Além também há prisioneiros, que muito aproveitam da reclusão. Nosso planeta ainda é mau, local de provas e expiações. Eu também, como médium, sou informada de coisas terríveis, meu irmão, e, o que é pior, alguns casos ocorridos mesmo em ambientes espíritas. Não fosse a constante harmonização em que vivo com o Espaço iluminado e não aguentaria tais desilusões. O espírita evangelizado sofre com isso. Se tenta corrigir certos abusos, é taxado de antiquado, ortodoxo, quadrado. Há "espíritas", Dr. Domério, que se valem da fundação de abrigo para crianças a fim de viverem na abastança sem muito esforço. Que havemos de fazer? Realizar a nossa parte, o mais perfeita possível... e entregar o resto a Jesus. Tudo isso é testemunho. O Senhor já está pedindo contas aos trabalhadores da Vinha, e "a cada um será dado segundo as suas obras". É a justiça, modelo para nós outros.

Não esquecerei de incluí-lo em minhas preces e, com a sinceridade que irradia da sua alma, estou certa que o irmão será sempre assistido pelos Guias Espirituais.

Duas desencarnações significativas tivemos agora, no meio espírita do Rio de Janeiro: dia 11, deste a antiga médium Zilda Gama, que há dez anos estava paralitica, sem fala, sem raciocínio. Foi uma grande sofredora, que faleceu aos 91 anos de idade. Dia 18 desencarnou o querido Ismael Gomes Braga, esperantista mundialmente admirado, mestre da língua, e espírita dedicado e trabalhador. Peço uma prece sua para ambos, que eles merecem.

Relendo agora sua carta de julho e vejo que não a respondi mesmo, pois não mandei o *Recordações da mediunidade* que o Sr. desejava. Ao responder-me, diga se ainda não o leu, porque eu enviarei um volume, com satisfação. Saiu agora a 2ª edição de *Nas telas do infinito*. Caso o irmão não o conheça, enviarei também um exemplar. Foi esse o primeiro livro que publiquei.

E agora termino. Escrevi demais, pelo que peço desculpas.

Recomendo-me a D. Rosa e às crianças, a todos desejando alegrias e paz.

Queira o irmão aceitar a fraterna estima da irmã em Jesus Cristo,

Yvonne

* * *

Nesta e em outra carta, também escrita a Domério de Oliveira, Yvonne se reporta às dificuldades que alguns espíritas acusavam, em sua época, de conciliar as propostas Doutrinárias com as profissões jurídicas. A ele, que era advogado, lembra a necessidade de não se perturbar, diante das dificuldades do ofício, sobretudo porque o meio jurídico, em função das possibilidades que abre para ações infelizes, por parte de quem não tenha compromisso ético e com a verdade espiritual, necessita de pessoas sérias, comprometidas com o bem da coletividade. Por isso, a *pupila de Charles* estimula o amigo a prosseguir, não desistindo de suas lutas.

A médium lembra, também, a possibilidade de pessoas que cometeram crimes, estando presas, terem condição de reavaliarem as próprias vidas, redimindo-se. É uma pretensão louvável, sim, embora saibamos que, na prática, a precária estrutura do Sistema Carcerário brasileiro não facilite isso. O mais comum, infelizmente, é que um condenado saia da prisão pior que entrou, caso não possua, dentro de si, uma vontade muito firme de resistir e transcender as vicissitudes por que passa. É um ideal, defendido por muitos, ontem e hoje, mas que não encontra sustentação nos tristes fatos e condições da realidade.

Yvonne aproveita a abordagem para ferir um assunto delicado no meio espírita. Dentre as "coisas terríveis" de que era informada, afirma que "há 'espíritas', Dr. Domério, que se valem da fundação de abrigo para crianças a fim de viverem na abastança sem muito esforço". Nada obstante as dificuldades que tais instituições enfrentam para se manter, sabemos que algumas recebem grandes doações e que, por vezes, há desvios de condução em seus trabalhos. Naturalmente que era a tais desvios que Yvonne se referia, àquelas pessoas que se extraviam do bom caminho, e não a todos aqueles que, almas sensíveis e dedicadas, entregam a própria vida a serviço do Bem. Contudo, não podemos ignorar que essas "coisas terríveis" acontecem, também nos dias de hoje, reclamando de nós vigilância e oração.

A desencarnação da médium Zilda Gama é lembrada, dela que, sob a influência de Victor Hugo, tantos belos romances deixou para a literatura espírita. Também o passamento do esperantista Ismael Gomes Braga, já referido nestas páginas, é pontuada por Yvonne. O detalhe dessas lembranças é o pedido de preces para ambos, o que era um hábito seu. Tivemos oportunidade, anos atrás, de ter em mãos três livros de preces que ela montava, com fotos, data e nomes de pessoas desconhecidas e conhecidas, do Movimento Espírita e de fora dele.

É, sem dúvidas, um traço distintivo de sua grande generosidade e gentileza.

12ª CARTA:

Rio, 18.06.1969

Prezado Dr. Domério:
Paz em Jesus.

Faço votos a Deus para que o irmão esteja restabelecido da gripe que ultimamente o abateu, e mais animado para o prosseguimento das tarefas impostas pela existência. Atendi ao seu pedido, tenho rogado a Jesus e a nossos amigos espirituais para que o visitem, ajudando-o a se restabelecer, com suas irradiações benéficas. Essa gripe deixa o doente muito abatido mesmo, demorando um pouco a voltar ao normal da saúde. Alguns amigos meus ficaram assim, também, mas já estão recuperados. Achei sua carta muito triste, Sr. Domério, mas atribuí a tristeza ao seu estado de saúde, que ainda não era normal. Aqui, pois, segue a minha fraterna visita, com os votos de pronto restabelecimento.

Felicito a D. Rosa pelo belo serviço que está realizando, com as curas espirituais. É um dos trabalhos de que eu mais gosto, e se pudesse só me dedicaria a ele. Já trabalhei muito nesse setor, curava até paralíticos, com dois ou três passes obsessões, etc., com meus amados e saudosos companheiros. Nesse tempo, porém, o trabalho era muito mais simples e natural, não se via as formalidades usadas hoje. Depois, os Guias Espirituais me arredaram desse labor, incumbindo-me de trabalhos intelectuais. Mas tenho saudades desse tempo! Que Jesus ampare D. Rosa, multiplicando suas forças para alívio dos sofredores.

Tenho recebido os jornais, sim, e agradeço a gentileza da remessa. Está muito bem feito e escrito. Somente ainda não me foi possível escrever algo para mandar, conforme o irmão pediu. Nem mesmo para "Reformador" e "Brasil-Espírita" tenho podido escrever. Este ano só saíram dois artigos meus. É que a série de livros infanto-juvenis tem me absorvido muito. A responsabilidade é muito grande, meu irmão, tenho de estar afastada do mundo a fim de me harmonizar o mais possível com o Espaço. Já tenho quatro livros prontos, e creio que ainda virão mais quatro. Só peço a Deus que me fortaleça, para eu não decepcionar os meus dedicados mestres espirituais.

Quanto a minha visita a São Paulo, não sei se algum dia será realizada. Com as graves atribuições que os Guias me dão ininterruptamente, será difícil sair. Eles mesmos não me permitem sair assim. Mas agradeço de coração o seu convite e a D. Rosa, que Deus os abençoe por tanta fraternidade. Muito obrigada pelas boas palavras da sua carta. Os confrades de São Paulo são muito afetuosos para mim, mais do que quaisquer outros.

Finalizo a fim de iniciar o trabalho da noite, pois trabalho diariamente. Recomendo-me a D. Rosa e aos meninos, com muito afeto e gratidão, enviando abraços a todos. E ao prezado irmão os votos de saúde e de paz e o fraterno abraço da irmã com Jesus-Cristo,

Yvonne

13ª CARTA:

Rio, 15.04.1970

Prezado Dr. Domério:
Paz e saúde

Recebi sua carta de 04 do corrente, a qual muita satisfação me causou, pelas boas notícias que trouxe.

Que o Senhor conserve essa paz e também a boa disposição dos meninos para os estudos, é o meu desejo. Nos dias atuais, quando a maioria dos pais se desola pela desorientação dos filhos, é uma felicidade ter filhos assim responsáveis e aplicados. Mesmo nos lares espíritas, existe o problema da má conduta dos filhos. O Sr. não imagina o trabalho que tenho tido com as queixas de pais e mães espíritas que pedem socorro ao Céu para os filhos rebeldes e desencaminhados. A questão é grave, Dr. Domério, nós não podemos resolvê-la, só Jesus será capaz de sanar os males que no momento atingem a Humanidade. Faço o que posso para ajudar e tanta tristeza contemplo, tanta amargura e miséria observo, que meu coração não sente mais alegria, a não ser nos próprios serviços da Doutrina, que muito me consolam.

Conforta-me muitíssimo saber que os irmãos de toda parte me estimam tanto. Agradeço ao Dr. Gallembek a caridade da sua fraternidade a meu respeito. Com efeito, faço o possível para servir à Doutrina, desde muito jovem. Mas as minhas provações, sempre muito graves, impediram que eu trabalhasse mais, principalmente no serviço de curas, pois sempre tive facilidade para curas de doentes e obsediados. O fato de não possuir lar e viver em lar alheio dificulta tudo. Agora, por exemplo, eu necessitava criar um grupo de estudos para alguns jovens, espécie de "mesa redonda" semanal, para instrução doutrinária, além de receituário etc., e tratamento. Não poderia ser em Centros, porque a burocracia desfigura tudo, e mesmo meu estado de saúde não me permite muita movimentação. Mas não posso fazer isso porque a casa não é minha e não posso dispor dela, assim. Verei se consigo uma sala na FEB. Isso eu sei que conseguirei, mas é muito longe e dificulta para os "discípulos". O remédio é estudar outro meio, se não conseguir esse.

Agradeço o convite para visitar São Paulo e me hospedar em sua casa. Deus o abençoe e à sua família, por tanta bondade e consideração. Mas, não sei quando isso poderá ser, ou se algum dia será. Minha saúde está muito comprometida e as responsabilidades são graves, não é com facilidade que poderei sair. Mas agradeço tanto como se já estivesse hospedada aí. Quanto à colaboração em "Despertador", ainda não foi possível. Nem para "Reformador", tenho podido escrever.

Prezado irmão, a luta atual é para a Humanidade toda. A profissão de advogado é difícil para um espírita, sim. Todos se queixam disso. Mas eu creio que, estando com a justiça, tudo se poderá conciliar.

Tenho um amigo que aos 33 anos de idade foi nomeado Juiz de Direito, mas abandonou a profissão aos 35, por não poder conciliá-la com o Evangelho. O Sr. não acha que aí existe um pouco de fanatismo, ou compreensão insuficiente do próprio Evangelho e da Lei de Deus? Quem melhor do que um espírita poderia bem cumprir esse dever? Alguns criminosos existem que necessitam de um ensejo para meditar e se reabilitar. O problema aí não é a condenação, propriamente, mas o trato que ele receberá na penitenciária. Conheço vários detentos que se recuperam através da instrução religiosa que recebem na prisão, espírita ou protestante, e do trabalho. Aqui temos um trabalho belíssimo nesse sentido. Eles aprenderam a ler conosco e várias outras matérias, inclusive o alfabeto Braille, e traduzem livros espíritas para os cegos. Têm o curso primário, agora, e são espíritas. É um belíssimo trabalho. E correspondo-me há 5 anos com um presidiário aí de São Paulo, que vem progredindo muito. Faço por ele o que posso, é um filho espiritual que tenho. Mas... iria longe, se continuasse com o assunto...

Recomendo-me a D. Rosa e ás crianças, com o afeto e o respeito de sempre e também aos amigos e irmãos que cercam, inclusive o Dr. Gallembek. E que Jesus a todos abençoe e ampare, fortalecendo-os para as lutas do progresso

Da irmã de sempre, que o abraça.

Yvonne

* * *

Mais uma vez vem à tona o assunto dos conflitos do espírita com a militância no meio jurídico. Nesta carta, Yvonne reporta o caso de um espírita que, aos 33 anos, nomeado juiz, abandonou a magistratura dois anos após, por não conseguir conciliá-la com as convicções espíritas. Na percepção da médium, tal atitude seria um exagero, pois "quem melhor do que um espírita poderia bem cumprir esse dever?".

É muito comum que haja, de fato, bastante confusão entre a aplicação das leis humanas e das Leis Divinas. Já tivemos oportunidade de, em diálogos, ouvir dos confrades coisas do tipo: "se o Evangelho recomenda que não julguemos, como então exercer a profissão de juiz criminal?" ou "como pode um advogado espírita defender alguém que tenha cometido um crime?". Estas e outras questões geram dúvidas e conflitos semelhantes aos apontados por Yvonne em seu escrito.

O grande problema está na confusão, como já dissemos entre as leis humanas e as Leis Divinas. As leis humanas são imprescindíveis para a boa organização social. Sem elas, viveríamos um caos absoluto, impossibilitando toda e qualquer pretensão e progresso, material e espiritual. Nesse sentido, ninguém melhor do que espíritas conscientes para aplicá-las, na condição de juízes, ou zelar pela sua correta observância, como promotores, defensores públicos, advogados e demais profissões jurídicas. A consciência espírita, que zela pela fraternidade, pelo respeito ao outro, é a mesma que também entende a necessidade de dar "a cada um conforme suas obras", uma das possíveis expressões da ideia de Justiça.

Além disso, o "não julgueis" do Evangelho guarda relação com as Leis Divinas, mas especificamente com as Leis Morais. A recomendação é nos abstermos de julgamentos morais, que importam em subestimar ou superestimar esta ou aquela pessoa do ponto de vista de sua evolução moral. Que critérios e parâmetros possuímos para tanto? Que condição reunimos para emitir qualquer juízo de valor pertinente sobre as lutas íntimas e o estágio evolutivo de quem quer que seja?

E quem melhor do que um advogado espírita para promover a defesa de um "criminoso"? Não seremos, todos, espíritos em evolução? E o que se busca defender é o indivíduo que praticou um crime ou o fato criminoso em si? E quem estará isento, neste mundo, da prática de algum crime? Além disso, haveremos de lembrar que nem sempre defender é buscar inocentar a qualquer custo, inclusive com a utilização de mentiras e subterfúgios variados. Até mesmo no mito bíblico da Criação do mundo, vemos a figura de Deus reconhecendo o direito de defesa de Caim, que por ele foi interpelado mais ou menos nos seguintes termos: "por que te iraste? E por que se precipitou sobre o teu irmão?".

Assim, os espíritas precisam assimilar, adequadamente, a proposta renovadora que o Espiritismo encerra, abraçando as responsabilidades da profissão jurídica, quando esta for a sua escolha, com a consciência tranquila, buscando o reto cumprimento dos seus deveres de cristão e cidadão.

14ª CARTA:

Rio, 14.8.1970

Prezado irmão Dr. Domério:

Saúde, paz e que as bênçãos do Alto continuem beneficiando o seu lar e o seu grupo de trabalho.

Aproveito uns minutos de possibilidade, na tarde de hoje, para responder suas cartas de 26 de abril e 1º do corrente. Parece-me que a primeira já foi respondida, mas como não tenho certeza, responderei a mesma juntamente com a mais recente. Tenho estado muito preocupada com os assuntos doutrinários e, também, com as obras que no momento escrevo, ou melhor, que venho recebendo do Espaço, daí a demora em responder as cartas dos amigos.

Fiquei deveras entristecida com a notícia do passamento do nosso irmão Jansen Gallembek para a Espiritualidade. Eu estava esperando escrever ao Sr. para mandar umas linhas também a ele, por seu intermédio. Que pena! Um amigo tão dedicado, espírita bem orientado, coisa tão difícil hoje em dia! Isso é egoísmo, não resta dúvida, mas quando li a sua carta, senti uma grande emoção, a qual perdura ainda. Coitadinho do irmão, estimava-me tanto, a ponto de se emocionar com uma simples referência minha a seu respeito! Que hei de fazer para testemunhar a minha gratidão e retribuir tão santa estima? Tenho orado diariamente, e o farei enquanto viver, e posso garantir que o Brasil inteiro há de orar por ele a meu pedido. Por enquanto, é o único meio de provar-lhe a minha agradecida afeição e o meu desejo de estreitar uma estima inspirada pelo nosso Consolador. De qualquer forma, e apesar da imensa tristeza, é grato saber que possuo mais um amigo no mundo espiritual.

Dr. Domério, não somente o Sr., mas muitos espíritas verdadeiramente dedicados estão penalizados com o que se passa com a mediunidade. Não querem procurar compreendê-la a fim de bem orientá-la, abandonaram Kardec por ideias pessoais, desenvolvem mediunidade forçando-a, quando ela não existe, tratam-na com displicência, comodismo e vaidade; começam por onde deviam terminar, quando a mediunidade exige renúncias, paciência e muito amor. Não culpo apenas os médiuns, mas, principalmente, a direção dos trabalhos, completamente incompetente para o setor espiritual. Aliás, o Sr. pode observar que o Espiritismo, em grande parte, ou na sua maioria, está entregue a falsos líderes, o que vem causando um grande mal à causa espírita, principalmente à orientação da juventude. Às vezes, chego a desanimar, e se não fosse a certeza absoluta que tenho da verdade espírita, talvez o desânimo fosse total. Tenho feito palestras nesse sentido, aconselho, converso, mas o assunto é complexo demais para ser resolvido por um de nós. O caso é para Jesus, não para nós. Devido a tudo isso, eu nem assisto mais sessões, nem colaboro nelas. Se pudesse "ser dona" de um Centro, eu mesma desenvolveria os médiuns para trabalharem comigo. Estive em umas sessões em um Centro do Méier, mas os médiuns eram tão indisciplinados e viciados que não quis mais. Aliás, não trabalho mais com a incorporação, não tenho mais possibilidade de transmissão, nem mesmo passes eu posso mais fazer. Agora, é só a psicografia e a oratória. Nesses dois setores, ainda estou em forma. É uma pena o que está acontecendo! E tudo isso, falta de boa orientação doutrinária, ideias pessoais em vez de renovação para si mesmo e para Deus, falta de humildade, vaidade etc. etc. O remédio é esperar... Enquanto desenvolverem mediunidade conforme fazem atualmente, acontecerá isso. Não é mediunidade, é autossugestão e animismo; enfim, "parapsicologia". A mediunidade é um dom de Deus e não pode ser tratada assim. Possuo várias teses nesse sentido, as quais serão publicadas oportunamente.

Termino esta a 17, não foi possível antes. Despeço-me enviando abraços a D. Rosa e às crianças, e também ao prezado irmão, a todos desejando as bênçãos do Alto. Da irmã de sempre,

Yvonne

PS: Muito obrigada pelas referências a mim no seu artigo "A purificação do templo". Está muito bom, como os demais. Eu não tenho tido tempo para escrever nada para "Reformador", estou atarefada com a responsabilidade da psicografia.

* * *

Partindo da sua experiência de décadas de prática mediúnica, Yvonne Pereira, em diversas cartas, insurge-se contra aquilo que chama de "ideias pessoais" que se infiltravam no Movimento Espírita, sobretudo na mediunidade.

Criticava a falta de preparo dos chamados "líderes", a pouca disciplina de médiuns, o desenvolvimento mediúnico forçado, o abandono de Kardec, a preferência por textos exclusivamente mediúnicos...

Compreensível que, diante de tantas distorções e equívocos, ela desejasse "ser dona" de um Centro Espírita. Na verdade, era o desejo de poder aplicar os métodos que conhecia e dominava sem as formalidades e as barreiras que via surgir, aqui e ali, como o joio sobrepondo-se ao trigo.

É triste perceber que, de lá até então, quase nada mudou...

15ª CARTA:

Rio, 15.11.1970

Prezado Dr. Domério:

Saúde e paz.

Respondo sua carta de 24 de outubro, com a minha visita costumeira, fazendo voto pela sua paz e prosperidades, extensivos à querida família.

Recebi também a Revista que o irmão teve a bondade de me enviar. Confesso que ainda não tive tempo de ler tudo, pois atualmente ando muito atarefada. Li apenas o seu artigo, do qual gostei muito, como sempre. Mas, se os demais artigos são concordes com a Doutrina, devem estar bons. Na próxima semana lerei tudo e, depois, darei minhas impressões. O aspecto exterior da revista é muito bom, belíssima a capa, bem impressa, artística. Somente não aprecio letras minúsculas para nomes e títulos, acho isso um abastardamento ao qual nossa Doutrina não se deveria submeter. Eu gosto do clássico, a revista é moderna e agora é moda esse abastardamento. Mas o conteúdo sendo legítimo, compensa, não acha? Ou pelo menos consola...

De saúde vou bem melhor, graças a Deus. Tenho me esforçado por tratar de minha saúde, porque se não o fizer, não terei mais condições para o trabalho mediúnico. Felizmente prossigo trabalhando e espero cumprir o dever até o final. Penso escrever também para a "Revista Internacional de Espiritismo", o problema é o tempo que é muito escasso. Mas devo muitos favores ao Jô, que é de lá, ele insiste nos convites para que eu escreva e não sei como não atendê-lo. Encerrei foi o meu compromisso com as palestras nos Centros. Agora, só falarei em cultos domésticos. Os Centros estão muito profanados com as tais "festas artísticas" e não mais encontro neles o conforto de outrora. Ultimamente eu só aceitava convites para Centros que não tratavam de festas.

Estimo que o irmão agora esteja mais confortado, sereno e animado para a colaboração doutrinária. Deus não nos obriga a fazer mais do que o possível, meu irmão. Cada um faz aquilo que pode e o que é possível, ainda não estamos à altura do sacrifício. Os próprios Guias não aconselham a acumulação de trabalhos. Repartindo-nos muito, certamente nada faremos com perfeição, e nossa responsabilidade é grande. Por isso, não gosto de acumular trabalhos doutrinários, os que já faço tomam-me todo o tempo. Ainda não pude atender o seu convite para escrever em "Despertador" por isso, e mesmo o jornal é muito pequeno e eu não posso resumir as teses que me são inspiradas.

Continuo orando pelo irmão Dr. Gallembeck. Que pesar eu tenho de não ter escrito a ele assim que o Sr. falou dele! Hoje, estou pensando nele o dia todo e, agora, vou orar, porque a atração está muito forte. Mande-me dizer se era alemão e se era médico, por favor.

Finalizando, envio recomendações a D. Rosa e às crianças. Também eu gostaria de ir a S. Paulo conhecer todos e conversar longamente sobre Doutrina, mas minha saúde não está muito boa. Se ainda puder irei, certamente.

Que Jesus o ampare sempre, e ao seu lar, são os votos da irmã de sempre.

Yvonne

* * *

Dentre as observações feitas por Yvonne, nesta carta, sobre diferentes assuntos, gostaríamos de destacar a seguinte lição: devemos assumir os compromissos que sejam do tamanho das nossas possibilidades de ação. Como lembra a médium, "Deus não nos obriga a fazer mais do que o possível", pois "ainda não estamos à altura do sacrifício".

Compreender e vivenciar isso é muito importante, pois retira de nossos ombros pesos que, por vezes, neles são colocados por quem se coloca na condição de "vigilante da evolução alheia", crendo-se capaz de determinar o "quê" e o "quanto" devemos fazer, em nome de Deus. Se "os próprios Guias não aconselham a acumulação de trabalho", como haveremos de aceitar encargos superiores às nossas forças?

Há quem, agindo assim, acaba desertando de compromissos profissionais e familiares, esquecendo-se de que todos esses são formas de manifestação do Bem e do compromisso espiritual. Se, embora espíritos, estamos encarnados, vivendo uma vida material, tudo o que nos compete fazer deve ser atendido com sentimento cristão, com dever inarredável.

Naturalmente que cabe, aqui, uma reflexão: quando recusamos tarefas, sob a justificativa de acúmulo de deveres e impossibilidade, fazemo-lo de modo sincero ou utilizamos isso como desculpa, para fugir de novas e, talvez, mas severas responsabilidades? A resposta a tal questionamento é individual e intransferível; cada um deve avaliar, por si mesmo, a própria condição, buscando isenção de ânimo e sinceridade, pois, em todo caso, qualquer fuga será uma forma de autoengano, de autoilusão.

Finalizando, vale a pena relembrar as palavras da médium: "repartindo-nos muito, certamente nada faremos com perfeição, e nossa responsabilidade é grande". Que cada um de nós encontre a própria medida de equilíbrio.

16ª CARTA:

Rio, 20.10.1971

Caro irmão Dr. Domério:

Paz!

Espero em Deus que o irmão tenha se fortalecido bastante dos abalos sofridos ultimamente e se encontre reconfortado pela assistência divina, assim como D. Rosa e demais familiares. Perdoa, meu irmão, a minha falta, respondendo sua carta de 12 de julho somente hoje. Durante todo esse tempo estive mal, com um esgotamento nervoso pronunciado, que me deprimia muito, impedindo-me qualquer trabalho mental. Agora, porém, estou melhorando, o desânimo passou e reinicio com mais regularidade as tarefas que me dizem respeito. Por essa razão, a correspondência acumulou, devo carta a todos os amigos e me empenho em regularizar tudo, os trabalhos inclusive.

Prezado irmão, por essa razão não tenho cogitado de saber outras notícias da Tia Sinhá e algo sobre sua sogra. Não estive mesmo em condições de realizar esse trabalho de tanta responsabilidade, pois o médium esgotado é sempre suspeito, não tem possibilidades nem condições para o intercâmbio. Tenho orado, porém, e creio que Tia Sinhá está muito bem. Estarei atenta, para obter qualquer coisa sobre ela ou dela, mas não insistirei, isso terá de ser voluntariamente. Eu não gosto de forçar. O Chico é médium mais espontâneo do que eu, possui mais condições, quem sabe sua saudosa irmã daria alguma mensagem por intermédio dele? No entanto, eu aconselharia ao irmão e D. Rosa a não ficarem assim, inconsoláveis. A separação dos nossos entes amados é muito dolorosa, sim, mas é temporária, muito breve estaremos novamente juntos e a felicidade continuará. Pode-se dizer que a separação não existe, pois eles continuam nos vendo e até podem nos assistir e proteger. Mas se permanecermos inconsoláveis, haverá prejuízos para eles e para nós. O livro *A crise da morte*, de Ernesto Bozzano, nos explica tudo isso muito bem. Não resta dúvida de que é uma provação para nós, vermos um ser querido partir. É um testemunho de fé, e nós somos convidados, por nossa Doutrina, a dar esse testemunho com fé e coragem. Fica, pois, tranquilo, certo de que sua irmã está bem, trabalhando para Jesus e desfrutando os encantos do mundo espiritual. O pouco que conheço desse mundo, meu irmão, foi o bastante para encarar a morte com maturidade e confiança.

Quanto a sua sogra, vou ver se consigo alguma coisa a respeito dela. Faço votos para que D. Rosa tenha melhorado e por seu intermédio faço uma visita a ela. Breve ela estará conversando diretamente com sua querida mãe, como eu converso com a minha. Depende dela própria.

Tenho recebido o jornalzinho, muito obrigada. Este ano só escrevi duas vezes em "Reformador", em janeiro e setembro, mas com meu pseudônimo. Os livros infantojuvenis, não sei quando sairão, talvez para o próximo ano. No mais, muito trabalho e muito cansaço, a idade vem chegando e nos esgotamos com facilidade.

Espero em Deus que tudo há de melhorar para o irmão. Tenhamos fé e confiança, e supliquemos o auxílio de nossos amigos espirituais. E por hoje é só. Perdoa a extensão desta.

Recomendo-me a D. Rosa e às crianças, fazendo votos de paz a todos.

Da irmã em Jesus e amiga de sempre,

Yvonne

* * *

Médiuns que desenvolvem trabalhos semelhantes aos de Yvonne veem-se, frequentemente, procurados para obtenção de informações de entes queridos desencarnados. Conquanto tal busca não seja ilegítima, é necessário compreendermos que há limitações que mesmo um médium experiente possui e deve respeitar.

No caso em tela, Domério buscava, junto a Yvonne, informações sobre sua sogra e sua irmã, recém-desencarnadas. A médium, então, pondera que não se encontrava em condições de buscar qualquer notícia, face ao esgotamento mental de que se via vítima. Nada obstante a facilidade que tinha para os contatos mediúnicos e as décadas de atividade, ela não se arriscava, não forçava, tendo em vista que o "médium esgotado é sempre suspeito, não tem possibilidades nem condições para o intercâmbio".

Sem qualquer melindre ou sentimento de disputa – infelizmente tão comum entre os médiuns, que nada mais são do que pessoas –, ela a aponta Chico Xavier, também conhecido do Dr. Domério, como uma via melhor e mais segura para obtenção das notícias. Aliás, conhecemos o histórico trabalho de recebimento e cartas consoladoras que o Chico realizou durante muitos anos, em Uberaba/MG.

Lembrando a necessidade de aceitação do momento como testemunho necessário à consolidação da fé, Yvonne ainda recomenda, como era hábito seu, a leitura de um clássico da literatura espírita. Trata-se do livro *A crise da morte*, de Ernesto Bozzano, importante e esquecido pesquisador italiano cujas obras se encontram, em sua maioria, traduzidas para o português e publicadas pela Federação Espírita Brasileira.

17ª CARTA:

Rio, 15.4.1972

Prezado irmão Dr. Domério:
Saúde e paz.

Já me dispunha a responder sua carta de 30 de outubro de 71, quando recebi a de 8 do corrente. Espero que me perdoe, Dr. Domério, a demora em escrever-lhe. Ultimamente estou muito lerda para escrever, creio que estou cansada e com as indisposições causadas pelo horrível verão carioca, a saúde não está boa, mesmo. Além do mais, muitas preocupações com a família, acúmulo de trabalho e correspondência, quando as forças já escasseiam, desgostos do coração, tudo contribui para que eu nem sempre possa escrever com assiduidade aos amigos.

Avalio, meu irmão, o que o Sr. sofre, tendo de se movimentar e trabalhar numa sociedade negativa como essa em que vivemos. Os espíritas têm sentimentos mais delicados e sofrem com esse descalabro que se vê. Não é só o Sr. que se queixa, todos que me escrevem tocam nesse assunto, até mesmo jovens, que se desorientam, não sabendo como agir para enfrentar essa onda e se conservarem de coração puro, conforme convém. No que me diz respeito, retirei-me completamente do mundo. Eu não mais poderia viver nele. Minha sociedade é somente de espíritas. Eu nem sei conversar com pessoas não espíritas e meu consolo é essa mediunidade, que me permite a convivência com os espíritos. Encerrei o meu trabalho de oratória, pois já era tempo disso. O que posso fazer, por nossa Doutrina, faço em casa mesmo: costuras para os pobres e angariar recursos para ajudar o próximo, o que faço pelo telefone. Para um homem e uma mãe de família é mais penoso, pois não se podem furtar ao convívio da sociedade. De modo que avalio o seu desgosto e prometo orar para que Deus lhe conceda forças e assistência para vencer tais choques. Nós estamos para a atualidade como os primeiros cristãos estavam para Roma. O remédio é ter paciência e procurar forças no próprio Evangelho.

Fiquei satisfeita em saber que o Sr. obteve notícias de sua querida Sinhá. Ela deve estar muito bem, trabalhando para Jesus, e não há motivos para preocupações. Continuo orando por ela e também pela mãezinha de D. Rosa. Ainda ontem, durante os trabalhos, orei em particular pela irmã Chafika Cassis Nassar. Há quem condene as preces particulares, dizendo que é predileção. Mas, além das gerais, eu faço também as particulares. O Evangelho de Kardec autoriza isso e sinto-me edificada procedendo assim. Diz a D. Rosa que não precisa agradecer. Eu também sou beneficiada quando oro pelo meu próximo. Tenho um trabalho de preces muito vivo e eficiente, graças a Deus; às vezes, chego a ver e falar com espíritos por quem oro.

Durante esse tempo que silenciei, obtive um romance do Além, com o "Charles", continuação de *Nas voragens do pecado*. Está completamente pronto. O título é *O drama da Bretanha*, mas não sei se o conservarei ou se trocarei. Penso que o leitor não se motivará muito com esse título nas vitrines. Época de Napoleão I, passado na Bretanha. Mas não sei quando sairá. Agora, tenho 7 livros para publicar. Como vê, tenho trabalhado...

As novidades, no que me diz respeito, não são muito agradáveis. No dia 8 de março, desencarnou minha irmã Maria de Lourdes, em Belo Horizonte. Sobreviveu apenas 7 meses ao marido, que desencarnou a 29 de julho de 71. Sofreu muito, coitada, e creio que foi melhor assim. A morte, para mim, é um fato natural e todos nós estamos conformados. O meu irmão mais velho está hospitalizado aqui no Rio. Teve de amputar a perna direita devido a doença de circulação. Mas há complicações e não há muita esperança dele se recuperar. Seja o que Deus quiser, estamos preparados para tudo. Seguem os nomes para a caridade das suas preces.

O "Despertador" raramente chega até aqui. Desconfio do nosso carteiro, que é displicente e chega a levar cartas para casa a fim de entregar no dia seguinte. Temos sentido falta de cartas de vários amigos e creio ser esse o motivo.

Hoje, tirei o dia para escrever cartas e, por isso, termino esta aqui. Recomendo-me a D. Rosa e aos meninos, com a fraternidade e os agradecimentos do coração.

Que Deus abençoe essa família é o desejo da irmã e amiga de sempre.

Yvonne Pereira

18ª CARTA:

Rio, 5.7.1973

Caro irmão Dr. Domério:

Muita paz, saúde e bênção do Alto para o irmão e sua família, são os votos do meu coração. Espero em Deus que tudo continue bem em torno do irmão e do seu lar, com muito progresso espiritual. Eu, agora, vou melhor, mas passei uma temporada bem mal de saúde, desanimada para qualquer coisa, mas trabalhando sempre, pois não podemos parar, o serviço espiritual é muito e precisamos aproveitar o tempo para darmos conta da tarefa que nos foi confiada. Devido a isso, a correspondência foi acumulada e somente agora consegui mais ou menos pô-la em dia.

No setor doutrinário, vou realizando conforme minhas possibilidades. Tenho escrito bastante, e esta semana concluo um livro, que será o 10º a ser publicado. Este ano sairá um e penso que começarão a sair um após o outro. A FEB tem estado muito sobrecarregada de serviço; nosso presidente, sobrecarregado de operosidades profissionais, não dispondo de muito tempo para examinar os originais, daí a demora na publicação dos meus livros e também de outros. Mais sairão, se Deus quiser, o assunto é variado e espero agradar os leitores.

Meu irmão, sua carta de 9 de dezembro de 72 está aqui, sobre minha mesa. Não tenho certeza se a respondi quando mandei as Boas Festas de fim de ano. Passava tão mal nessa época e tanta era a correspondência, que não sei se a respondi. De qualquer forma, respondo-a agora novamente, se não foi respondida antes.

Também acho que nada mais segura a marcha do Espiritismo. Por toda parte, há crentes e interessados em se aliarem às nossas fileiras, até no exterior. Imagina o Sr. que aqui, no Rio, chegam doentes de Portugal, do Chile, da Argentina, a fim de se tratarem em um centro famoso em curas, o Tupyara, que era umbandista e agora se transforma para kardecista. Saem todos curados. Através do Esperanto, a FEB tem conseguido despertar o interesse de muitos europeus, que nos escrevem pedindo mais esclarecimentos. Padres católicos se convertem e eu mesma me correspondo com vários, e eles compreendem a Doutrina facilmente. Chegou a nossa vez e a responsabilidade cresce sobre os nossos ombros. Pena é que haja tanta inimizade e deturpações entre os próprios espíritas. Ideias pessoais, a vaidade, o personalismo ameaçam a essência da Doutrina. Mas penso que isso é a "separação das ovelhas e dos bodes" para o 3º milênio. Tenho orado para esse estado de coisas, é o que posso fazer.

Perdoa o irmão o meu prolongado silêncio. Não tenho esquecido os caros irmãos. Oro sempre por todos e também por sua mana e sua sogra, cujos nomes estão em meu livro de lembranças. O motivo é, mesmo, o acúmulo de serviço doutrinário e a indisposição da saúde, que me faz trabalhar com sacrifício. Estou muito cansada, meu irmão, chega o tempo de voltar à verdadeira pátria.

Recomendo-me a D. Rosa e às crianças com o meu carinhoso e agradecido abraço. Deus os abençoe. Queira o bondoso irmão aceitar o abraço fraterno da irmã de sempre,

Yvonne Pereira

* * *

Yvonne faz referência, nesta carta, ao Templo Espírita Tupyara, que se situa no bairro Lins de Vasconcelos, no Rio de

Janeiro, e que, àquele tempo, era bastante procurado, inclusive por pessoas de fora do país, para obtenção de cura. Já tivemos oportunidade de verificar, em diversas passagens, como a médium valorizava essas tarefas, que ela mesma praticou, pelas razões que já explicitamos, nos comentários à 2ª carta escrita a Domério de Oliveira.

Apesar de todas as críticas que tecia aos espíritas e ao Movimento Espírita de seu tempo, Yvonne Pereira era otimista e entusiasta. Acreditava, sim, que o Espiritismo cumpriria seu importante papel social, não apenas pela disseminação de suas ideias libertadoras, mas sobretudo pela renovação que despertava naqueles que lhe conheciam – conhecem – os ensinamentos.

Observamos, em diversas cartas, que mesmo acusando cansaço, desânimo e abalos de saúde, a médium se mantinha firme em seus propósitos, esforçando-se por transpor as dificuldades e permanecer no seu posto. Afinal, "não podemos parar, o serviço espiritual é muito e precisamos aproveitar o tempo para darmos conta da tarefa que nos foi confiada".

19ª CARTA:

Rio, 6.12.1973

Prezado Dr. Domério:
Paz!

Respondo sua carta de 21 de julho, esperando que o irmão e família gozem perfeita saúde e tranquilidade.

Apresento-lhe as minhas felicitações pela publicação do seu livro *A semente que meu pai plantou* e aguardo a sua visita com o exemplar a mim prometido. Deus o abençoe, meu irmão, pelo esforço e a boa vontade nos serviços do Senhor, assim como pelo desinteresse financeiro. Essas são as credenciais do fiel discípulo da Revelação Espírita. Espero que outros livros, firmados por sua mão, se sucedam a esse, pois estamos muito necessitados de obras doutrinárias-espíritas propriamente ditas, apesar das muitas já existentes. Quanto a mim, continuo no meu posto. Em fevereiro, sairá um livro meu e, após esse, sairão os outros. Agora saiu, em Buenos Aires, a primeira edição, em espanhol, do meu *Memórias de um suicida*, pela Editora Kier S.A., tradução do Prof. Luis Guerrero Ôvalle, residente em Miami. A tradução está uma beleza, o estilo literário foi conservado e a apresentação do livro é muito boa. Devo receber alguns da editora e, se o Sr. se interessar por essa edição, enviarei um exemplar. Fiquei satisfeita, pois muito sofri para obter essa obra, mas agora tenho a recompensa de ver que as 21 nações que falam castelhano poderão lê-la.

Não obstante, minha tarefa literária mediúnica está encerrada. E não insistirei, porque, se insistir, a obra sairá inferior à já obtida. Estou muito cansada, doente e devo me resignar. Fiz o que pude, assistida por entidades encantadoras, e tenho a consciência em paz. Agora, apenas obtenho consultas, orientações e receitas, não parei de todo. Continuo merecendo a confiança do Senhor.

Meu irmão, não se desole tanto com a ausência material dos entes queridos. Eles não morreram, estão a seu lado, irradiam proteção e amor em torno dos seus passos. E, mais tarde, se reunirão todos em espírito, desfrutando as alegrias da vida espiritual. Não duvido disso, minha esperança é firme, pois é isso que nossa doutrina expõe e não podemos duvidar diante das provas que diariamente recebemos. E o Sr. deve sentir essa esperança também...

Agora, peço a caridade de suas preces, das de D. Rosa e dos irmãos que os cercam, para o espírito de um sobrinho meu. Ele suicidou-se no dia 24 de outubro e sepultou-se a 25, data em que completaria 31 anos de idade. O drama foi em Caratinga, mas ele foi sepultado em Belo Horizonte. Ele enforcou-se! Estava casado há três meses, não deixou nada escrito e não sabemos a causa. Fez-se investigação. Nada foi encontrado. Era muito bem colocado e considerado bom filho, boa pessoa. O nome é Luis Carlos Pereira Moreira. Deus o recompense pelas preces que estou pedindo.

E aqui termino, enviando fraternas recomendações ao bom irmão e sua família. Deus os abençoe.

Da irmã e amiga de sempre

Yvonne A. Pereira

* * *

A dedicação ao trabalho no Bem não nos poupa, nem aos nossos entes queridos, das desilusões e dissabores da vida. Por mais que nos dediquemos e nos esforcemos, continuamos humanos, necessitados de apoio e amparo, uns dos outros, no caminho do nosso progresso.

Domério de Oliveira, escritor e expositor espírita, era constantemente exortado por Yvonne a tranquilizar-se diante da partida de pessoas caras ao coração. Naturalmente que o querido confrade não alimentava qualquer tipo de desespero ou insatisfação, diante da Lei de Deus. Entretanto, humano como todos nós, sentia saudades e extravasava isso com a amiga, que o consolava dentro de suas possibilidades.

Yvonne, por sua vez, dedicada à prevenção do suicídio, ela mesma tendo cometido o ato em outras vidas, registra o ato de um sobrinho muito jovem, que resolveu desistir da existência. Com a humildade que lhe era peculiar, pede ao amigo que ore por ele, envolvendo-o nas melhores vibrações possíveis.

São sutilezas assim, de uma boa e saudável amizade, que nos encantam e estimulam a prosseguir...

20ª CARTA:

Rio, 25.3.1975

Prezado irmão Dr. Domério:

Paz!

Respondo a sua carta de 10 de fevereiro e também outra, de 24 de agosto de 74. Eu é que devia resposta ao Sr., não o contrário. Muito grata pela sua atenção, desejando saber minhas notícias. Não ando muito bem de saúde, meu irmão, estou com insuficiência cardíaca, coração dilatado etc. Dias há em que passo mal, outros passo melhor. Mas vou fazendo alguma coisa pela Doutrina, como é dever. Consegui escrever 20 livros. Foi o que pude fazer. Recebi ordem de parar e não insistirei, porque se insistir, a subconsciência intervirá e a obra decrescerá de valor. Agora, em janeiro, publiquei um – *Sublimação* –, de Léon Tolstoi e Charles, e ainda restam 8 para sair. O seu livro já li, sim, e agradeço as generosas referências à minha pessoa. Julgo não merecer tanto, mas conforta-me verificar que possuo tão bons amigos de ideal. Deus o abençoe e fortaleça para que outros livros apareçam firmados por suas laboriosas mãos. E felicito-o pelo triunfo do seu núcleo espírita do "Despertador", que tantos serviços vem prestando aos necessitados de conforto. Em *Sublimação*, que é um livro de contos doutrinários, presto a homenagem que prometi à memória do nosso querido irmão Jansen Gallembek. No conto denominado "Karla", pus o sobrenome Gallembek na personagem masculina mais simpática. E até hoje oro pelo querido irmão desencarnado.

Meu irmão, envio-lhe sinceras felicitações pela vitória de seus filhos nos estudos. Deus os abençoe e proteja para que os triunfos continuem nos dias futuros. Tudo isso é uma glória, sim, pois, na época presente, pais e mães se desesperam diante dos desvios dos filhos dos caminhos honestos. Ao Domerinho e à Silvana, envio um abraço, desejando-lhes felicidades nesse caminho luminoso em que começam a palmilhar.

Sobre o caso da infeliz tradução de *O Evangelho segundo o Espiritismo*, considero um crime, ação das trevas para confundir. Nenhum de nós tem o direito de fazer isso, mesmo porque a obra é contemporânea. O fato chega a ser ridículo e revoltante, parece que os espíritas se deixam envolver pelas trevas. Compreendo, pois, o Prof. Herculano e concordo com ele. "Intramuros", não surtirá efeito, porque a vaidade resistiria. Seria preciso, mesmo, sacudir, desmascarar os falsos servidores, embora tudo isso seja lamentável. Os espíritas esqueceram a renovação de si mesmos e a humildade para servirem à Doutrina. Dessa forma, o que será do Consolador? O acontecimento me feriu muito o coração, pois tenho uma veneração toda especial pela Codificação, e não reconheço valor em nenhum espírita para alterá-la nessas condições. O livro tornou-se profanado, além de ridículo e piegas. Que Deus se apiede de nós, irmão Domério!

Agora peço a caridade de suas preces para duas pessoas de minha família recentemente falecidas: meu irmão Sebastião do Amaral Barcelos, falecido a 31 de agosto de 1974, e meu sobrinho (marido de minha sobrinha), que faleceu afogado na Barra da Tijuca, durante o banho de mar, aqui no Rio, no dia de Natal. Chamava-se José Carlos Fernandes de Oliveira e tinha 25 anos incompletos. Deixou uma filhinha de 2 anos de idade. Como vê, nosso Natal não foi muito bom...

Peço recomendar-me a D. Rosa, com muita admiração e carinho, e aos meninos.

Fraternalmente, a irmã agradecida,

Yvonne A. Pereira

***

Esta carta se torna especial pela menção a um acontecimento histórico do Movimento Espírita Brasileiro, ocorrido em São Paulo na década de 1970: a adulteração de *O Evangelho segundo o Espiritismo*.

De modo muito resumido, podemos dizer que, após ouvir, de Francisco Cândido Xavier, que algumas expressões do livro precisavam ser "abrandadas", sem que se desnaturasse o pensamento de Kardec, um confrade ligado à Federação Espírita do Estado de São Paulo diligenciou encomendar uma tradução especial, em que palavras e expressões foram substituídas e, até mesmo, retiradas. Na verdade, o que o médium mineiro propusera era uma interpretação que não fosse literal, e não que se interferisse no texto escrito.

Como resultado, no ano de 1974, foram publicados 30 mil exemplares dessa tradução, fato que chegou ao conhecimento de José Herculano Pires, filósofo espírita que era conhecido pela defesa da Doutrina Espírita e por não ter "papas na língua".

Herculano, então, fez publicar uma duríssima crítica do "Diário de São Paulo", na sua coluna de domingo, que foi reproduzida por Alfredo Cruso, ligado ao Clube dos Jornalistas Espíritas de São Paulo, em 60 mil folhetos que foram entregues a Herculano e distribuídos por todo o Brasil.

Na sequência, uma grande campanha foi empreendida, em diversos meios escritos e também em programas de rádio, para alertar as pessoas para o inconveniente daquela tradução.

Um pouco dessa história é encontrada no livro *Na hora do testemunho*, assinado por Francisco Cândido Xavier e J. Herculano Pires, bem como em *J. Herculano Pires – o Apóstolo de Kardec*, de Jorge Rizzini.

E, como vemos no trecho da carta escrita por Yvonne Pereira, ela foi completamente contra as referidas adulterações, postando-se ao lado de Herculano Pires, estando de acordo com seu movimento de defesa de *O Evangelho segundo o Espiritismo*. Conforme suas palavras, "seria preciso, mesmo, sacudir, desmascarar os falsos servidores, embora tudo isso seja lamentável".

21ª CARTA:

Rio, 9.8.1977

Prezado irmão Dr. Domério:
Paz!

Foi grande satisfação receber notícias suas e de sua família. Saber que seus filhos dão tanta alegria e felicidade ao Sr. e sua esposa é motivo de júbilo também para os seus amigos. É uma verdadeira glória para os pais de família, pois isso é raro hoje em dia no mundo inteiro. Deus os abençoe e aos filhos, conservando-os sempre assim trabalhadores, dignos e honestos.

Eu pretendia escrever-lhe, procurando notícias e enviando as minhas, quando chegou sua carta. Também eu tenho estado muito atarefada de serviços doutrinários. Já completei 71 anos de idade e confesso que me sinto um tanto cansada, pois os grandes sofrimentos por que passei e os 51 anos de mediunidade intensa estão me abatendo um pouco, embora o cérebro funcione ainda muito bem e seja boa a disposição para o trabalho. Com a graça de Deus, espero trabalhar até o fim.

Dou-lhe toda razão por se ter retirado do centro onde trabalhava. Eu me retirei de todos eles há uns dez anos. Só na FEB encontro segurança doutrinária. Não é possível, ao espírita sincero, suportar ao que se está passando nos Centros Espíritas. Deram entrada às trevas e quem dirige hoje os centros, ou o Movimento Espírita, são os jesuítas do Espaço, terríveis inimigos do Espiritismo. Falsos líderes deturparam tudo. Ninguém mais cura uma obsessão, com raras exceções. Os templos espíritas estão profanados pelos prejuízos do mundo. A incompetência, a vaidade e a displicência dos líderes e dirigentes espíritas são insuportáveis. A minoria é sincera e luta desesperadamente por manter a pureza doutrinária da Doutrina Kardecista. Mas o Sr. pode crer que esses deturpadores responderão por isso. Tudo isso é um teste terrível para a seleção. A máscara deles cairá, esteja certo. Aqui no Rio, os Centros, com pequenas exceções, viraram restaurantes onde são vendidos almoços, jantares, bacalhoadas e feijoadas regadas a cachaça. E a maioria aprova! A imprensa espírita não aceita protestos contra essa calamidade, embora provoque, vez por outra, polêmicas por coisas insignificantes. Enfim, prezado irmão, "a corrupção entrou até no seio dos santuários", como profetizou Jesus. Ninguém estuda. Leem apenas obras mediúnicas, principalmente mensagens, e sofisticam a Doutrina toda. Chego a pensar que o excesso de obras mediúnicas prejudicou mais do que ajudou a Doutrina. Felizmente, não recebo mais livros, tenho ainda alguns para sair, mas para principiantes, inteiramente kardecistas. De modo que o Sr. fez bem em se afastar. Não podemos ser cúmplices de tal profanação. Trabalho sozinha, atendo os que sofrem, escrevo para "Obreiros do Bem" e "Reformador", faço o bem que posso e me sinto em paz.

Vamos, pois, prosseguir fiéis ao Evangelho e a Kardec. Há muitos espíritas sofrendo como nós.

Minha correspondência está toda atrasada. Ainda vou escrever outras cartas, por isso termino esta.

Minhas recomendações fraternas a D. Rosa e aos meninos, com os parabéns pelas vitórias alcançadas e votos de paz e mais sucessos na vida.

Abraça-os fraternalmente a irmã

Yvonne A. Pereira

* * *

Aqui, como em outras cartas, Yvonne se declara insatisfeita com o que chama de displicências praticadas no âmbito dos Centros Espíritas. Pontua, inclusive, como boa parte das festas a que se refere são regadas a "cachaça", ou álcool, para melhor dizermos, como tem sido usual, inclusive nos dias de hoje. Lamentavelmente, vemos Casas Espíritas se transformarem em clubes sociais, abrindo mão da sua condição e hospital e porto para consolações...

Gostaríamos, ainda, de destacar um ponto curioso. A carta foi escrita em agosto de 1977 e a médium afirma possuir 71 anos. Entretanto, sabemos que, de fato, sua data de nascimento é 24 de dezembro de 1900. Teria ela se equivocado?

Como já tratamos do assunto em artigo publicado em 2013 pelo jornal "Curta Leitura", da Editora Lachâtre, pedimos licença para transcrevê-lo. Seu sugestivo título é:

> **Yvonne Pereira: exemplo de que "médium também é gente!"**
>
> Durante muitos anos pairou, no Movimento Espírita, uma dúvida quanto ao ano exato do natalício da mé-

dium Yvonne Pereira. Ela afirmava, peremptoriamente, ter nascido no ano de 1906. Entretanto, alguns afirmavam que a data estava equivocada, sugerindo que era 1900.

Em 1999, Augusto Marques de Freitas, no livro *Yvonne do Amaral Pereira: o voo de uma alma*, exibiu fotografia da certidão de nascimento da médium, em que constava, como data de nascimento, 24 de dezembro de 1900. Também conseguimos o mesmo documento, comprovando o acerto da data. Por que, então, Yvonne falava em 1906?

O autor do referido livro afirma, em suas páginas, que o equívoco se deu porque, certa vez, Yvonne foi retirar uma segunda via do documento e a data viera errada! Quando li a justificativa, não me convenci e fui em busca de maiores informações.

Ao preparar a segunda edição do meu livro *Yvonne Pereira: uma heroína silenciosa*, estive com uma sobrinha da médium, no Rio de Janeiro, cujo nome manterei bem guardado. Comentando com ela o episódio e apresentando a justificativa, ela soltou uma boa gargalhada, olhou para mim significativamente e respondeu, peremptória:

- Que nada, Pedro! A tia Tuti (apelido familiar de Yvonne) mentia a idade. E dizia assim: "só não minto mais porque não tenho como"! – confessou sua sobrinha.

Tratava-se, pois, de um simples caso de vaidade, daquela vaidade natural e que ainda é alimentada, entre homens e mulheres, que pensam enganar Cronos "mentindo suas idades" para as pessoas.

Yvonne simplesmente desejava "parecer mais nova"; por isso, escondia a idade. E o fazia conscientemente! Um desejo natural e bastante humano, que em nada diminui a grandeza de sua alma.

Esse e outros episódios pitorescos da vida da médium mais despertaram, em mim, uma grande admiração por sua pessoa. Como ainda vemos os médiuns dentro de uma aura mística, esquecemos de que também estagiam na carne, sujeitos à vida material, suas vicissitudes e paixões.

Yvonne mais uma vez ensinava, para mim, que "médium também é gente"!

22ª CARTA:

Rio, 21.7.1978

Prezado confrade Dr. Domério:
Paz!

Antes de tudo, o meu pedido de perdão pela demora em responder sua carta, tão amiga, de 12 de junho. Estou cada vez mais sobrecarregada de trabalhos doutrinários, embora só trabalhe em casa. A correspondência tomou um vulto imenso e tenho que atendê-la, pois são cartas de enfermos e sofredores em busca de socorro para variados males. E não me posso negar a atendê-los, já que o Senhor me concedeu a possibilidade de o fazer.

Agradeço, sensibilizada, à Silvana e ao Sr. a foto do túmulo de nosso mestre Allan Kardec. É muito sugestivo e enternece, pois as flores que ali se veem durante o ano todo revelam que há espíritas na França, não está acabado o movimento, como pensamos. Eu já conhecia esse túmulo, alguns amigos que têm ido a Paris trouxeram fotos idênticas. Perto de Kardec está o jazigo da família Delanne, onde se encontram os despojos do nosso Gabriel Delanne. Um pouco mais longe, mas ainda perto, estão Fred. Chopin e Vicenzo Bellini. Possuo a foto dos seus túmulos, por gentileza de um amigo americano que visitou esse museu de celebridades, que é o Père Lachaise. Tudo isso comove, tenho a impressão de que conheci pessoalmente todos esses vultos caros à Humanidade e que poderei revê-los em Além-Túmulo, ou onde estiverem.

Estimo saber que o Sr. e sua querida família passam bem de saúde e que os filhos têm dado satisfação e alegrias. Que Deus os conserve assim dignos, compreensivos quanto aos deveres que lhe são afetos. Isso hoje é raro, meu irmão, e lhe dou os meus parabéns, e a D. Rosa, por os terem educado com tanta eficiência. Alegra-me tudo isso e peço ao Alto que assim mesmo continue.

De saúde vou bem. Melhorei muito e continuo fiel aos meus deveres na seara do Mestre. Faço o que posso e tenho a consciência tranquila. Sem esses trabalhos eu não poderia viver, razão pela qual persevero neles com muito amor e fidelidade.

Peço recomendar-me aos seus, com todo o meu respeito e a minha consideração. Mais uma vez agradeço a gentileza da foto, que já está no álbum, com as demais.

Que o Senhor os abençoe e guarde, são os votos da irmã de que fraternalmente se despede.

Yvonne A. Pereira

23ª CARTA:

Rio, 9.8.79

Prezado irmão Dr. Domério:
Paz!

Respondo sua carta de 18 do corrente, a qual me trouxe muita satisfação, pois havia muito tempo que não tinha suas notícias. Ao mesmo tempo entristeci-me, vendo o conflito íntimo que o amargura. Tem coragem e paciência, meu irmão, o mundo todo está assim, precisamos de forças para superar todos esses males, procurando conforto e paciência, forças e esperanças nas lições de Jesus Cristo, que nunca nos abandona.

Os jovens de agora não são como nós fomos, os tempos mudaram, o contato com a Universidade transforma o modo de pensar de quase todos, mas daí não quererá dizer que fiquem incompatibilizados com o bem e a família. Muitos, na realidade, ficam, mas aqueles que têm bases seguras no dever ou no ideal espírita-cristão permanecerão no caminho reto. Os pais, em geral, vivem aflitos e alarmados por essas questões. Correspondo-me com muitos desses pais. Mas a prece e a fé em Deus ajudam muito a conciliar os fatos. Mais tarde, às vezes tocados pelo sofrimento, eles retornam à ponderação recebida na infância.

Quanto ao Sr. permita-me a sugestão, penso que deve reconfortar-se na leitura das nossas obras clássicas. Volte ao Evangelho, a Kardec, a Léon Denis, a Gabriel Delanne, a Ernesto Bozzano e tantas outras preciosas instruções que fortalecem a nossa crença e consolam as lutas do nosso coração. Compreendo a sua angústia, não podendo mais realizar os trabalhos doutrinários que tanto gostava. É o meu mesmo desgosto. Felizmente, eu trabalho muito mesmo em casa, com o atendimento aos sofrimentos alheios e ao receituário. Há muito sofrimento no mundo, Dr. Domério! Nem mesmo os espíritas, na sua maioria, se preparam para enfrentar os embates da atualidade. Praticaram o mediunismo, esquecendo da realidade evangélica. A "Parábola das virgens loucas e das prudentes" está em plena ação, assim como as profecias do Senhor. Jesus está presidindo a escolha, muitos esqueceram disso e, agora, estão preocupados. Resta-nos, porém, a misericórdia de Deus, que renovará ensejos para nosso soerguimento doutrinário.

Quanto a mim, estou bem, graças a Deus. Nada mais sinto no coração e uma paciência, uma resignação, uma conformidade singular protegem-me contra os últimos embates das provações que fui chamada a sofrer. Não sofro mais desde que renunciei a tudo neste mundo. Não escrevo mais livros, mas ainda tenho alguns para sair, para principiantes de 10 a 80 anos...

Em "Reformador" de setembro, começará a publicação de um fato muito interessante que me aconteceu. O título – "Eu e Roberto de Canallejas" – e traz o meu nome mesmo. O acontecimento foi positivamente espírita e a publicação só terminará em dezembro.

Dr. Domério, as suas dificuldades como advogado são de todos os advogados espíritas. Como advogado, o espírita não pratica certos atos que os demais praticam. Conheço vários que só pegam cauãs públicas ou de companhias comerciais, etc. Um amigo meu, juiz aos 33 anos de idade, abandonou a carreira por se sentir incapaz de condenar um réu e se tornou professor. São testemunhos, prezado irmão. Vamos orar... e Deus o conduzirá.

Perdoa a extensão desta carta. Recomendações a D. Rosa e às crianças.

Fraternalmente despede-se a irmã de sempre,

Yvonne A. Pereira.

* * *

Não temos acesso à carta que, escrita por Domério, suscitou a resposta de Yvonne Pereira. Entretanto, imaginamos que, além das suas inquietações quanto à prática espírita e à advocacia, o que também é abordado pela médium, algo sobre o futuro da juventude espírita tenha sido dito.

Por tal razão, a *pupila de Charles* tece considerações sobre os jovens e o compromisso com o Bem. Aliás, consideramos sua análise bem oportuna. Na condição de quem saiu há um tempo relativamente curto, da juventude e da Universidade, bem como do pouco que se pode aprender como professor universitário, podemos dizer que ela tem razão no que aduz.

É grande o número de jovens espíritas que, adentrando a Universidade, afastam-se do Espiritismo e vivem conflitos familiares, graças à transformação "do modo de pensar", como afirma Yvonne. Por se tratar de um mundo novo, sedutor e questionador por natureza, é muito frequente que o meio universitário exerça um fascínio sobre os estudantes, levando-os a por em cheque grande parte do que aprenderam, em casa e nos templos.

Como o Espiritismo, em sua essência, também encerra caráter científico e filosófico, acreditamos, como Yvonne Pereira, que somente dele se afastam os que não tiveram, em casa e nos grupos espíritas, bases seguras. Dito de outra forma, somente aqueles que não encontraram ou encontram ambientes favoráveis ao debate, aos questionamentos e, sobretudo, isentos de um religiosismo cego e alienante transitam, sem grandes dificuldades, pelo bombardeio com que o paradigma materialista alveja as mentes, nas Universidades.

Por isso, os grupos espíritas precisam estar melhor preparados para acolher a juventude. O modelo igrejista, impositivo e fechado deve ceder espaço a um modelo de interação coletiva e democrática, abrindo-se espaço para o pensamento e o seu diálogo com a cultura em geral, como propõem Allan Kardec e Léon Denis.

Estudar as muitas dissertações e teses, produzidas no Brasil e fora dele, que abordam temática espírita; buscar, com base nos princípios da Pedagogia Espírita, construir um programa educacional que valorize o ser, seus saberes e suas liberdades; horizontalizar as relações no grupo, permitindo que todos compreendam-se partes de um todo, e não um mero "público-alvo"; revelar, enfim, toda a riqueza do Espiritismo, infelizmente tão amesquinhada pelos nossos olhares ainda canhestros...

Essas e outras medidas garantirão, aos nossos jovens espíritas, uma base segura e firme, levando-os a se tornarem melhores pessoas, melhores estudantes e, consequentemente, melhores cidadãos.

24ª CARTA:

Rio, 28.2.1981

Prezado irmão Dr. Domério:
Paz!

Depois de vários meses de silêncio, volto à sua presença, respondendo sua estimada carta de 9 de agosto de 1980. Peço desculpas por esse lapso de tempo, que não foi motivado pela indiferença, mas por uma enfermidade grave que ainda permanece, em fase final.

A 30 de agosto de 80, sobreveio-me um derrame cerebral parcial, que não chegou a prejudicar o cérebro, pois continuei lúcida, mas que me deixou semiparalisada do lado esquerdo. Tratei-me muito e estou melhor, mas ainda não tive alta do médico assistente. O amparo espiritual foi imenso. O espírito D. Bezerra deu-me assistência total, faltou pouco materializar-se a fim de me tratar. Eu o percebia, sentia ligeiramente o seu contato e ouvia o murmúrio da sua voz, embora não o visse; chegou a mandar-me mudar de médico, para um homeopata. O fenômeno foi idêntico às sessões de contato e voz direta. Ainda estou em tratamento. Agora, não trabalho mais como médium, a tarefa está encerrada. Trabalhei como médium, em vários setores, durante 54 anos e 5 meses, e encerrei o trabalho por ordem dos próprios Guias. No entanto, não estou de todo parada, faço artigos doutrinários para "Reformador" e escrevo cartas de orientações doutrinárias a quem solicita; leio e ajudo aos que sofrem, parada é que não posso ficar. Por essa razão, a correspondência atrasou, agora é que cuido de pô-la em dia.

E o Sr., como tem passado com a querida família, todos com saúde e paz? É o que desejo não só ao Sr. e sua família, mas a todos os irmãos de crença, nestes dias angustiantes que vivemos. Acredito que atravessamos o próprio Apocalipse, pois o que conheço sobre o mesmo dá-me esse direito. As profecias do Novo Testamento e até de Léon Denis estão se cumprindo, todas.

E os trabalhos espirituais, como vão? Que me diz das "novidades" que surgem a cada novo dia, inclusive do Prêmio Nobel da Paz? Creio que a Doutrina dos Espíritos não está sendo bem compreendida e ainda menos assimilada. Todas essas coisas devem ser testemunhos que devemos dar. Enfim, vamos ver o que acontece. Que a Doutrina saia incólume de tudo isso, são os meus votos.

Dr. Domério, a amizade dos confrades, nesses dias de minha enfermidade, quando nem falar eu podia, confortou-me muito. É um verdadeiro bálsamo celeste ter amigos e saber que somos estimados. Considero, prezo muito a amizade dos meus amigos e diariamente oro por eles, porquanto, agora, é só o que posso fazer por eles. Espero que nossa correspondência volte ao ritmo passado, pois, nos dias que correm, é um conforto trocar ideias com os irmãos afins.

Os meus cumprimentos fraternos a D. Rosa e aos dois jovens estudantes, a quem felicito pelos progressos obtidos nos estudos.

Deus os abençoe e inspire, concedendo-lhes a paz do Senhor.

Abraços fraternos da irmã e serva em Jesus Cristo,

Yvonne A. Pereira

* * *

O esforço e a força de vontade de Yvonne Pereira causam admiração. Mesmo após sofrer um derrame cerebral, e apesar das sequelas sofridas e suas dificuldades, esta e outras cartas do período, como veremos abaixo, dão conta de sua disposição para continuar ativa e realizando algo em favor de quantos lhe escreviam.

Conservou não apenas a disposição, como também a lucidez e o senso crítico. Graças a isso, tece uma crítica à campanha de algumas lideranças espíritas da época que mobilizaram grande número de pessoas em torno da indicação de Francisco Cândido Xavier ao Prêmio Nobel da Paz.

Talvez pensasse que tais exaltações, ainda que encontrassem justificativa em alguma forma de racionalização, representavam uma indevida compreensão do papel da mediunidade e de como devemos tratar os médiuns. Ela mesma realizou um grande esforço, durante toda a existência, para fugir de qualquer situação de destaque, ainda que "para divulgação do Bem". Não se importava se seu comportamento arredio a qualquer publicidade ou exaltação desagradasse a um ou a outro, pois estava muito certa e consciente seu papel.

Assim, tinha autoridade para dizer o que dizia e expressar sua não concordância com toda a movimentação que teve lugar nos anos de 1981 e 1982. Ainda que de forma respeitosa, discordava e não tinha qualquer receio de dizê-lo.

25ª CARTA:

Rio, 20.8.81

Caro irmão Dr. Domério:
Paz!

Recebi sua carta de 1º de Agosto, que agradeço. Só hoje foi-me possível responder, porque, embora passe melhor, é com dificuldade que hoje em dia escrevo. A pressão sobe, quando leio ou escrevo.

Satisfaz-me saber que o irmão esteja em franca atividade da divulgação da Doutrina e que *O grito de Damasco* tem tido muita aceitação. É justo, pois é dos melhores livros que têm saído ultimamente, sincero, despretensioso e toca muito o coração do leitor. Espero em Deus que o sucesso continue e que as suas palestras cresçam continuamente, para a compreensão dos ouvintes e honra da nossa querida Doutrina Espírita. Sensibilizou-me a sua viagem a Matão. Fui muito amiga de Cairbar Schutel. Correspondia-me muito com ele, colaborei em "O Clarim" durante muito tempo. Estive gravemente doente, com uma "pleuris", e fui tratada por ele, Cairbar, à distância. Então, eu era muito jovem e residia em Lavras. Fui até agente da RIE (Revista Internacional de Espiritismo). Agora, quase nada posso fazer, a não ser um pouco de assistência social. Vejo todos trabalhando e eu parada.

Quanto à homenagem da F. E. de São Paulo, eu soube e acho muito justa. O presidente de lá escreveu-me convidando para participar dela, por ser eu médium de Dr. Bezerra durante quase 55 anos. Mas não pude aquiescer por não ter a menor possibilidade de viajar e, ainda menos, de participar de uma cerimônia dessa envergadura. Sinto, mas comemoro Dr. Bezerra o ano todo, ele redimiu-me, poupou-me de sofrimentos quanto pôde; ainda agora, quando adoeci, protegeu-me quanto possível, a ponto de dirigir meu tratamento, falando em voz direta diante de todos. Tenho gostado muito das homenagens a ele, pois convivo com esse Apóstolo do Bem desde a infância, tenho-o como um pai, um Protetor Espiritual. Nas minhas horas de maior sofrimento, tive-o a meu lado, consolando-me, amenizando minhas dores; predizia minhas provações e preparava-me, a fim de suportá-las e vencê-las. Por isso, sinto não poder tomar parte nas comemorações de São Paulo. Mas seria impossível, eu não posso nem me calçar. Além das consequências do derrame, tenho complicações que me impedem de sair. Agora, aguardo é a viagem definitiva e espero em Deus que ele me ampare e receba, como sempre.

O "Correio Fraterno do ABC" trouxe, este mês, uma análise da novela "Uma história triste", dele por mim. Há também um retrato dele e outro meu com o Chico, bem antes de eu adoecer. Fiquei muito satisfeita. Um retrato meu ao lado de Dr. Bezerra é uma honra, um triunfo!

Prezado irmão, agora termino, não posso mais. Espero em Deus que a paz em sua casa prospere, para a felicidade de todos. Minhas recomendações a D. Rosa e aos filhos. Jesus os abençoe.

Despede-se fraternalmente a irmã em Jesus Cristo,

Yvonne A. Pereira

* * *

Finalizamos, aqui, as cartas endereçadas a Domério de Oliveira, com esse belo depoimento sobre o espírito Bezerra de Menezes.

Presença marcante em sua vida, Dr. Bezerra a acompanhava, ostensivamente, desde os 11 anos de idade, tendo escrito, por eu intermédio, os lindos romances *A tragédia de Santa Maria* e *Dramas da obsessão*, além da novela "Uma história triste", que compõe o livro *Nas telas do infinito*.

Como pudemos registrar em *Yvonne Pereira: uma heroína silenciosa*, Yvonne foi filha de Bezerra em outra existência, quando viveram às margens do Reno, na França, conforme está registrado no romance *Nas voragens do pecado*, escrito por Charles.

Tamanho era o carinho que *Médico dos Pobres* lhe dedicava, tamanhas eram as atenções, que Yvonne sempre afirmava que era ele quem "mandava" em sua vida. E, de acordo com seus relatos, até fenômeno de voz direta ele produziu, durante o momento mais agudo de sua enfermidade, para auxiliá-la na condução do melhor tratamento de saúde.

Contam seus familiares que, no dia da sua desencarnação, em 9 de março de 1984, ela foi internada para colocação de um marcapasso. Antes da internação, porém, disse, com tranquilidade: "não precisa me levar, pois Dr. Bezerra já me disse que não passo de hoje". E assim aconteceu.

No dia seguinte, durante seu sepultamento, há relatos de médiuns videntes que garantem que ela estava presente, ladeada pelo amorável pai do passado, em atitude de agradecimento ao corpo pelos quase 84 anos de existência e aprendizados que marcaram sua redenção.

E, graças aos trabalhos desenvolvidos por ambos, àquela época e ainda hoje, já não é apenas nas páginas do jornal que suas imagens aparecem, lado a lado, mas sobretudo no Livro do Céu, onde seus nomes aparecem como bons trabalhadores do Bem.

Dora Incontri

Dora Incontri é, na atualidade, um dos mais significativos nomes do pensamento espírita.

Paulistana, formou-se em Jornalismo, mas enveredou pelos caminhos da Educação, tendo feito mestrado e doutorado nessa área, sempre defendendo ideias de cunho espírita. Sua tese sobre a Pedagogia Espírita é referência no tema, tendo lhe garantido o título de doutora pela USP.

Com mais de 40 livros publicados, dentre os quais *A educação segundo o Espiritismo*, *Francisco, o pobre de Assis* e *Vivências na escola*, é uma das principais responsáveis pela Editora Comenius, pela Associação Brasileira de Pedagogia Espírita (ABPE) e pela Universidade Livre Pampédia, que funcionam na cidade de Bragança Paulista.

Dora Conheceu Yvonne Pereira na década de 1970, graças à amizade da médium com sua mãe, Cleusa Beraldi Colombo. Entre 1978 e 1983, trocaram algumas cartas, das quais destacamos quatro para comporem este livro.

Nas páginas seguintes, conheceremos alguns detalhes da relação carinhosa existente entre ambas, bem como quais conselhos da *pupila de Charles* foram fundamentais para que aquela adolescente melhor direcionasse sua prática mediúnica, cujos frutos são colhidos até o presente.

1ª CARTA:

Rio, 18.3.1978

Querida amiga Dora:
Paz!

Finalmente, chegou a vez de responder a sua tão gentil cartinha de 16 de janeiro. Perdoa, minha filha, se tanto demorei a cumprir esse dever de amizade. O acúmulo de trabalho e o mal-estar de minha saúde me impediram de o fazer, até agora. Melhorei bastante nos últimos dias, mas agora é uma gripe que me assalta. Meu pescoço está duro e doendo, não me posso virar com facilidade.

Quero agradecer o belo poema evangélico de Maria Dolores que você me mandou. Está muito doutrinário e lindo, tocou o meu coração com aqueles conselhos verdadeiramente instrutivos. Felizmente, eu sempre observei aquela linha doutrinária e, talvez por isso, a mediunidade sempre me trouxe consolo, paz e esperança. Peço transmitir à querida poetisa do Além os agradecimentos do meu coração e os votos de perenes bênçãos celestes.

Dora, querida irmãzinha, tenho estado muito comovida. Ganhei, de um espírita português, recém-chegado ao Rio, uma grande quantidade de postais com vistas de Portugal e de Espanha. Reconheci, então, sítios que tenho visitado em espírito, principalmente uma praça de Barcelona, da qual eu me lembrava em pequena, pedindo para me levarem para lá. É a praça onde há a estátua de Cristóvão Colombo. Você não avalia como isso fere a subconsciência! Imagina se eu fosse à Espanha e visse pessoalmente os locais onde vivi, amei, sofri e morri! Que grandiosa é a nossa Doutrina!

Sua mãe disse-me que vocês estão de partida para a Alemanha. Espero que me escrevam de lá, não quero perdê-los de vista, a afinidade entre nós é grande e não podemos esquecê-la. Manda-me dizer se já leu o meu livro *Nas telas do infinito*. Saiu a 4ª edição agora e desejo oferecer-lhe um exemplar, a fim de retribuir a gentileza do poema. São duas novelas, de Bezerra de Menezes e de Camilo.

Meus abraços carinhosos a todos dessa querida família e votos de paz e alegrias. Deus a abençoe, querida Dora, e lhe conceda um futuro iluminado pelo Alto.

Sua velha amiga,

Yvonne

2ª CARTA:

Rio, 26.8.79

Minha querida amiga Dora:
Paz!

Com muita satisfação, recebi sua linda cartinha de 13 do corrente, já de São Paulo, acompanhada dos belos poemas já impressos. Eu esperava ansiosa por essas notícias de regresso, a fim de responder suas cartas tão amáveis e carinhosas, que eu julgo não merecer tanto assim. Estou com a mesa repleta de cartas com a sua letrinha, os lindos postais dessa Europa tão querida ao nosso coração, onde tanto vivemos em nosso passado. Tenho recebido tudo que você e sua mãe escreveram enquanto viajavam, mas não dava tempo para responder, vocês sairiam logo para outra localidade. E para a Alemanha, eu não compreendia os nomes das ruas e dos locais, ou cidades e, por isso, não podia escrever, o que me afligia muito, receava que vocês reparassem meu silêncio e interpretassem como indiferença. Ia escrever à sua avozinha aí de São Paulo, pedindo o nome da rua de Berlim, onde vocês residiam, quando chegou a carta de São Paulo. Como vê, minha querida, não foi indiferença, e sim "burridade" minha.

Tenho admirado todos os poemas que você me tem remetido. Estão muitos bons e lindos, minha filha, você é poetisa mesmo, médium poeta, e tão criança ainda, progredirá mais, certamente, sob a proteção e bênção do Alto e a inspiração dos Guias Protetores. Creio que você faz bem em publicá-los. Cabe aos médiuns espíritas, ou aos espíritas conscienciosos, em geral, levantar o nível da nossa literatura, que não pode estar mais deprimida. Mesmo entre os espíritas, há uma literatura apócrifa, que seria muito melhor para nossa Doutrina se jamais tivesse aparecido. De modo que eu louvo sua dedicação e esforço, a fim de produzir poesia espírita legítima, o que muito bem impressionará os leitores que verdadeiramente amam e consideram a grandeza da Doutrina Espírita. Deus a abençoe e que nossos amados Protetores a inspirem e assistam nesse setor delicado e belo, e também difícil, muito difícil.

Quanto a mim, vou muito bem, não só de saúde, como espiritualmente. Nada mais sinto no coração, creio que fiquei boa. Tenho trabalhado muito, mas no atendimento aos sofredores, com receituário, conselhos, instruções etc., e agora quero voltar a escrever artigos para "Reformador". Agora, em setembro, começará a publicação do meu relatório sobre o reencontro meu e de Roberto de Canallejas, meu esposo da vida passada, na pessoa do polonês, com quem me correspondi durante quase 14 anos. Presta atenção, está com o meu nome mesmo, sob o título – "Eu e Roberto de Canallejas (um caso de reencarnação)". "Reformador" já começou a sair, mas eu mesma ainda não recebi. Quanto aos livros, não receberei mais, mesmo. Tenho cinco a sair, para principiantes de 10 a 80 anos... Mas não sei se sairão ou quando sairão, caso sejam aprovados.

Esta carta foi começada ontem, mas continuada hoje, 27. O pessoal não me dá sossego para trabalhar. Creio, Dora, que o fanatismo pelos médiuns está excessivo e isso não é bom, entrava o progresso do adepto. Não querem raciocinar, nem ler os livros necessários, param nos livros mediúnicos mais leves e nas mensagens, que não dão trabalho para a meditação, de forma que não sabem nada, tudo perguntam ao médium, até se podem se "ajuntar" com o homem da sua preferência. Está visto que não atendo a isso, mas tenho uma luta tremenda para me furtar a tais excessos. Enfim, são "cavacos do ofício".

Meu bem, agora termino. Tenho que escrever mais cartas. Um abraço e um beijo para seus pais e irmãozinho. Para você, os meus agradecimentos, abraços e beijos, e votos ao Alto pelo seu constante progresso nas letras espíritas-cristãs, que poderão, sim, elevar o nível das letras em geral.

Deus a abençoe, querida amiga.

Sua do coração,

Yvonne

* * *

Já dissemos, linhas atrás, como Yvonne Pereira se inclinou, com carinho especial, para as crianças e os jovens, no final da existência. Esse movimento nasceu da compreensão da importância de se investir nas novas gerações, responsáveis pela continuação do Movimento Espírita e pela preservação de suas bases seguras. No caso de Dora Incontri, esse carinho era reforçado pela amizade, nutrida por ela e por sua mãe, Cleusa Beraldi.

Vemos que, ainda muito nova, Dora envia poemas mediúnicos para avaliação de Yvonne. Tal conduta, de buscar a avaliação alheia para as próprias produções, sobretudo quando mediúnicas, deveria ser observada por todos os médiuns, iniciantes ou não. Isto traz a garantia de isenção, demonstra equilíbrio e previne contra os perigos da vaidade e da presunção. É uma medida de cuidado indispensável a qualquer um.

Além disso, surpreendemos um importante alerta quanto à maneira como, desde há muito tempo, os médiuns são envolvidos pelo fanatismo e pela falta de estudo. Yvonne, que recebia cartas e visitantes de todo o País, fazia frente a tal estado de coisas.

Tamanha é a incompreensão e a falta de senso crítico que, por vezes, até perguntas esdrúxulas, relativas a relacionamentos amorosos, investimentos bancários, trocas de automóveis e outros são propostas aos médiuns, como se se tratassem de meros serviçais à disposição para os interesses mais comezinhos.

Tudo isso resulta da acomodação de muitos que, como alerta a *pupila de Charles*, não desejam buscar a devida instrução. E o mais preocupante: àquela época, como nos dias de hoje, a falta de clareza e de estudo parte, também, daqueles que deveriam estar na posição de orientadores – dirigentes, expositores, médiuns que se entregam às melindrosas atividades nas Casas Espíritas.

Precisamos reagir a esse estado de coisas, algo fazendo de verdadeiramente útil para não somente "levantar o nível da nossa literatura", mas também das tarefas que temos sob nossa responsabilidade.

3ª CARTA:

Rio, 1.12.79

Querida amiga Dora:
Paz!

Recebi sua carta de 28 de Novembro e apresso-me a respondê-la, a fim de trocarmos ideias construtivas. Tenho recebido todas as suas cartas, mas o meu tempo está muito escasso para o atendimento aos sofredores de todo o Brasil, por isso não tenho escrito a você e a sua mãe como é meu desejo, e espero que ambas me perdoem a involuntária falta.

Estou plenamente solidária com você na questão da mensagem de Emmanuel – Oração – que você mandou. A mensagem está muito boa, objetiva, doce, naquele ritmo evangélico de Emmanuel, mesmo. A diferença que poderia haver é que você é médium novo, começou agora, uma menina de 17 anos, e o Chico é um veterano, já caldeado nesse labor. Aliás, as mensagens dele, agora, estão muito fraquinhas, já não mostram o vigor do passado, e isso é notório por todos: ele está cansado, doente e é assim mesmo que acontece no ocaso dos médiuns como dos artistas e demais intelectuais. De outro modo, existe sempre uma diferença da obra mediúnica do mesmo autor espiritual por médiuns diferentes, só não reconhece isso quem não conhece as particularidades da mediunidade. Essa diferença, porém, não afeta a essência do trabalho, é apenas questão de palavras. Não se choque, pois, minha filha, com as críticas malévolas. Sabem criticar os outros, mas nada apresentam de bom ou melhor do que fazemos. Mas os "chiquistas" são assim mesmo. Conheço muitos desse tipo. Entendem que Emmanuel, André Luiz, Humberto de Campos etc. etc., são propriedades do Chico e nenhum outro médium tem o direito de obter versos mediúnicos e mensagens dos espíritos que trabalham com o Chico. Enfim, uns amigos deste, aqui do Rio, muito íntimos, disseram-me que o próprio Chico não gosta que outros médiuns recebam trabalhos das entidades que trabalham com ele, exclusão feita do Waldo Vieira. Mas não se amofine por isso, querida Dora. Seu trabalho está bom, você possui muitas chances de progredir e eu espero muito de você, como espírita e como médium.

Agora darei a você as sugestões, ou conselhos, que os espíritos de Léon Denis, Charles, Bittencourt Sampaio e Bezerra de Menezes deram a mim, quando comecei e sempre, sempre. Perdoa a minha ousadia, mas eu não me perdoaria se não revelasse a você o grande segredo da mediunidade: esse segredo é a caridade, minha filha. A par dos versos e das mensagens literárias que você está obtendo, canaliza também a sua psicografia para o receituário e as mensagens consoladoras e orientadores para os que sofrem e precisam progredir. Esse trabalho, que antes era comum a todos os psicógrafos, hoje está morrendo. No entanto, ele é o esteio da mediunidade e atrai, para o médium, uma proteção espiritual luminosa, uma felicidade, uma alegria íntima sublime. Uma só coisa é necessária para isso: amor, responsabilidade, caridade. Mas não quer dizer que você afaste o trabalho literário, não! Você fará os dois. Há 54 anos que eu realizo ambos e o Chico também. Quantas lágrimas temos enxugado com as mensagens consoladoras-orientadoras! Quantas revelações, conhecimentos, amigos temos obtido com esse trabalho sublime. É preciso, porém, conhecer a Doutrina bem e a nomenclatura dos remédios, a fim de permitir facilidade ao trabalho dos Guias em nós. Você é muito criança ainda e está estudando tem, ou terá tempo, portanto, para se preparar, com vistas a esse desempenho, que te abrirá um campo imenso na seara do Mestre. Digo-lhe mais: será a fonte do vigor da literatura que você poderá produzir futuramente.

Mas tal compromisso é voluntário. Nem a lei, nem os Protetores nos obrigam a ele. Você ora, medita sobre isso. Se se resolver a favor, ore mais ou menos um mês, oferecendo a Jesus seus préstimos, pedindo forças, inspiração e proteção; procura estudar a Doutrina com as obras básicas dos colaboradores de Kardec e as destes próprio, e não apenas as mediúnicas. Seja passiva a Jesus e "mansa de coração". E, como você é muito criança, vá devagar. Mediunidade é também paciência, perseverança, dedicação, amor. Este ano eu desenvolvi assim dois médiuns receitistas. Uma senhora e um moço de 34 anos de idade. Este se tornou excelente receitista da FEB e a senhora tem obtido excelentes curas físicas e morais com as receitas e as orientações doutrinárias no centro em que trabalha, que é uma grande Instituição.

Nesse sentido, estou fazendo uma campanha, inclusive com artigos em "Reformador". Esse trabalho, querida Dora, é o esteio dos Centros Espíritas e da mediunidade. Depois que o aboliram para introduzirem as "festanças", a produção espiritual declinou até ao ponto que vemos.

Estou mandando a você 4 números de "Reformador", onde foi publicado o meu drama com o Roberto de Canallejas e o polonês de Varsóvia. Talvez você e sua mãe gostem, contém muita doutrina. Esse caso tem agradado o leitor, tenho recebido muitas cartas e telefonemas de solidariedade.

Por hoje termino. Perdoa, a quilometragem da carta. Em outra carta segue a receita de sua vovó, D. Edira. Abraços e beijos a sua mãe, o Luizinho e seu pai. Para você, o coração leal da irmã e amiga de sempre,

Yvonne

* * *

Dora Incontri iniciou seu desenvolvimento mediúnico ainda muito jovem. De família espírita, desde muito cedo se habituou aos fenômenos mediúnicos, tendo sido acompanhada, bem no seu início, por Herculano Pires, que é sua inspiração para muitas ações dentro do Movimento Espírita.

Pouco depois da desencarnação de Herculano, em 09 de março de 1979, D. Beni, que dirigia o Centro Espírita Pedro e Anita, instituição que Dora passou a integrar por indicação do próprio Herculano, achou por bem fazer impressos com mensagens recebidas pela jovem médium, por julgá-las boas para divulgação. Dentre as mensagens escolhidas pela dirigente, estava "Oração", ditada por Emmanuel.

A partir daí, grande convulsão foi criada. "Disseram ser um absurdo eu dizer que estava recebendo Emmanuel", afirma Dora, que sofreu grande perseguição por conta do episódio.

Graças a isso, a jovem médium, de 17 anos incompletos à época, escreveu para Yvonne Pereira, buscando sua opinião, recebendo a carta acima como resposta.

Nela, a *pupila de Charles* se mostra bastante contundente, revelando a clareza de sua percepção da mediunidade. Nem os espíritos são propriedades dos médiuns, nem têm condição de reproduzir o mesmo estilo, com fidelidade, através de cada um com quem se comuniquem, graças às peculiaridades de cada indivíduo e às limitações e possibilidades mediúnicas. Em momento algum, alegou que a adolescente, por ser adolescente, não reuniria condição para o trabalho, como usualmente se faz em diversos cantos do Movimento Espírita.

Aponta, com justeza, como o declínio da idade e o desgaste físico e mental interferem na qualidade do que se obtém mediunicamente, fato que costuma ser ignorado pela grande maioria. Pontua, também, o desconforto a que todos os médiuns estão sujeitos, seja quem for, quando defrontados com o trabalho de outros companheiros ao lado de espíritos que lhe sejam caros. Afinal, médium também é gente, e só no nosso "romantismo católico" existe espaço para santificação deste ou daquele colaborador da mediunidade.

Digno de nota, também, é o conselho deixado pela experiente Yvonne Pereira: além da literatura, é necessário que a psicografia se dedique à caridade, através do receituário homeopático e das mensagens de consolo e orientação. Naturalmente que, para o receituário, será necessária a especialidade de médium receitista, conforme esclarece *O livro dos médiuns*.

De toda forma, o que fica claro é a necessidade de aproximar a mediunidade da caridade, para que o intelecto não lance o médium no "esfriamento do saber", distante do calor humano tão imprescindível ao nosso progresso.

Terminemos estes comentários com essas palavras de Yvonne, que servem para todos aqueles que, de modo sincero e desinteressado, se entregam ao trabalho de alma e coração: "Não se choque, pois, minha filha, com as críticas malévolas. Sabem criticar os outros, mas nada apresentam de bom ou melhor do que fazemos".

4ª CARTA:

Rio, 21.5.83

Muito querida amiga Dora:
Paz!

Recebi sua cartinha de 20 de abril e também o livro de poesias *Imortais da poesia*, de sua autoria. Aqui vai o meu abraço de sinceras felicitações por esse triunfo em tão verdes anos e, também, pelo seu ingresso na Faculdade. Aceita o meu abraço de admiração e os votos de perenes progressos nos campos literário e mediúnico, que nos concedem tantas alegrias e felicidade. Que o Céu a abençoe, minha amiga, por essa vitória tão significativa, e que o seu destino seja iluminado pelas luzes do Alto.

Ainda não pude ler o livro todo. Tenho passado muito mal, não melhoro, quase não posso escrever, é com sacrifício que o faço. Mas hei de lê-lo, e quando o fizer, escreverei novamente. Por essa razão, só hoje escrevo agradecendo a sua grande consideração, oferecendo-me esse livro precioso, quando já nada mais valho, pois estou mesmo no período final.

Perdoa o desalinhavo da escrita, minha amiga. O cérebro não ajuda mais. Anseio pelo dia feliz da libertação, porquanto nada mais me prende sobre a Terra. Felizmente estou paciente e bem assistida pelos amados Guias Espirituais.

Que Deus a abençoe e os missionários do Alto a envolvam na sua proteção.

Abraços a seus queridos pais e irmão.

Para você, o meu abraço de parabéns e muitos beijos de agradecimento pela dádiva recebida.

Sua amiga de sempre,

Yvonne A. Pereira

* * *

Yvonne escreveu essa carta menos de um ano antes da sua desencarnação. Nada obstante, continua lúcida, ativa e disposta a fazer o que lhe era possível.

Segundo Dora Incontri, as críticas e incompreensões de que foi alvo, em 1979, graças à mensagem de Emmanuel, persistiram nos anos seguintes, agudizando-se com o lançamento de *Imortais da poesia*.

Em função disso, as palavras amigas de Yvonne Pereira constituíram-se em mais um consolo e estímulo para que continuasse, haja vista que Yvonne não era do tipo que "falava para agradar", para não contrariar.

E é assim que devemos ser: francos, sinceros, independentemente de quem esteja diante de nós, mas sem perdermos o respeito e a consideração devida ao trabalho e ao esforço de toda gente.

Assim era Yvonne do Amaral Pereira.

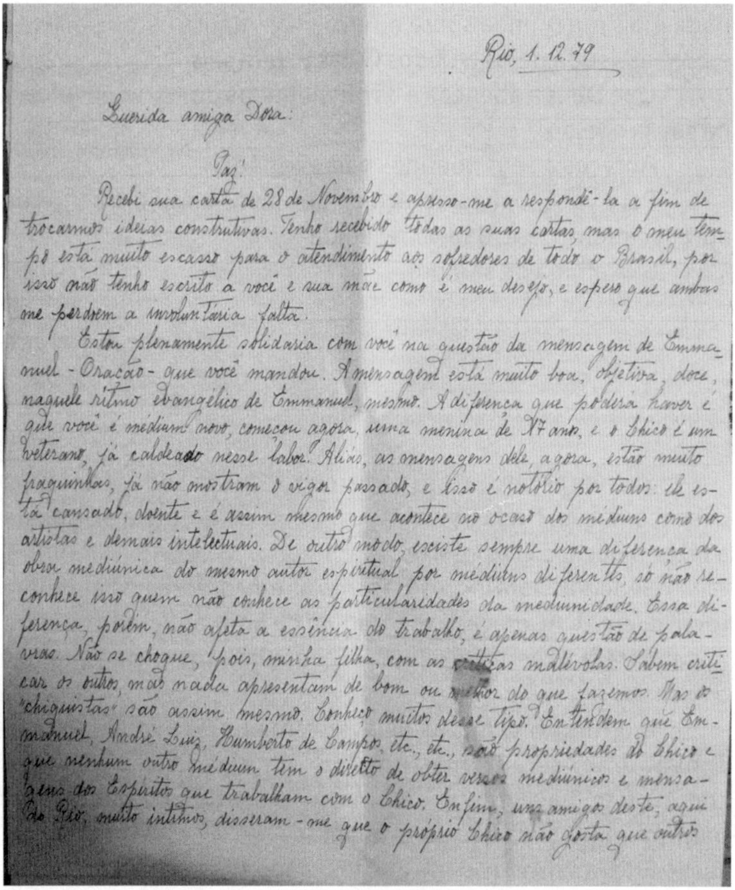

Rio, 1. 12. 79

Querida amiga Dora:

Paz!

Recebi sua carta de 28 de Novembro e apresso-me a respondê-la a fim de trocarmos ideias construtivas. Tenho recebido todas as suas cartas, mas o meu tempo está muito escasso para o atendimento aos sofredores de todo o Brasil, por isso não tenho escrito a você e sua mãe como é meu desejo, e espero que ambas me perdoem a involuntária falta.

Estou plenamente solidária com você na questão da mensagem de Emmanuel - Oração - que você mandou. A mensagem está muito boa, objetiva, doce, naquele ritmo evangélico de Emmanuel, mesmo. A diferença que poderá haver é que você é médium novo, começou agora, uma menina de 17 anos, e o Chico é um veterano, já caldeado nesse labor. Aliás, as mensagens dele, agora, estão muito fraquinhas, já não mostram o vigor passado, e isso é notório por todos: ele está cansado, doente e é assim mesmo que acontece no caso dos médiuns como dos artistas e demais intelectuais. De outro modo, existe sempre uma diferença da obra mediúnica do mesmo autor espiritual por médiuns diferentes, só não reconhece isso quem não conhece as particularidades da mediunidade. Essa diferença, porém, não afeta a essência do trabalho, é apenas questão de palavras. Não se choque, pois, minha filha, com as críticas malévolas. Sabem criticar os outros, mas nada apresentam de bom ou melhor do que fazemos. Mas os "chiquistas" são assim mesmo. Conheço muitos desse tipo. Entendem que Emmanuel, André Luiz, Humberto de Campos, etc., etc., são propriedades do Chico e que nenhum outro médium tem o direito de obter versos mediúnicos e mensagens dos Espíritos que trabalham com o Chico. Enfim, uns amigos deste, aqui do Rio, muito íntimos, disseram-me que o próprio Chico não gosta que outros

Nesta página e nas seguintes, fac-símile da 3ª Carta escrita por Yvonne Pereira a Dora Incontri.

médiuns recebam trabalhos das entidades que trabalham com ele, exclusão feita do Waldo Vieira. Mas não se amofine por isso, querida Dora. Seu trabalho está bom, você possui muitas chances de progredir e eu espero muito de você, como espírita e como médium.

Agora darei a você as sugestões, ou conselhos, que os Espíritos de Léon Denis, Charles, Bittencourt Sampaio e Bezerra de Menezes deram a mim quando comecei e sempre, sempre. Perdoe a minha ousadia, mas eu não me perdoaria se não revelasse a você o grande segredo da mediunidade. Esse segredo é a caridade, minha filha. A par dos versos e das mensagens literárias que você está obtendo, canaliza também a sua psicografia para o receituário e as mensagens consoladoras e orientadoras para os que sofrem e precisam progredir. Esse trabalho, que antes era comum a todos os psicógrafos, hoje está morrendo. No entanto ele é o esteio da mediunidade e atrai para o médium uma proteção espiritual luminosa, uma felicidade, uma alegria íntima sublime. Uma só coisa é necessário para isso: amor, responsabilidade, caridade. Mas não quer dizer que você afaste o trabalho literário, não. Você fará os dois. Há 54 anos que eu realizo ambos e o Chico também. Quantas lágrimas temos enxugado com as mensagens consoladoras-orientadoras. Quantas revelações, conhecimentos, amigos temos obtido com esse trabalho sublime. É preciso, porém, conhecer a Doutrina bem e a nomenclatura dos remédios, a fim de permitir facilidade ao trabalho dos Guias em nós. Você é muito criança ainda e está estudando, tem, ou terá tempo, portanto, para se preparar, com vistas a esse desempenho, que te abrirá um campo imenso na seara do Mestre. Digo-lhe mais: será a fonte do vigor da literatura que você poderá produzir futuramente.

Mas tal compromisso é voluntário. Nem a lei nem os Protetores nos obrigam a ele. Você ora, medita sobre isso. Se se resolver a favor, ore mais ou menos um mês, oferecendo a Jesus seus préstimos, pedindo forças e inspiração e proteção, procura estudar a Doutrina com as obras básicas dos colaboradores de Kardec e com as deste próprio, e não apenas as mediúnicas. Seja passiva a Jesus e mansa

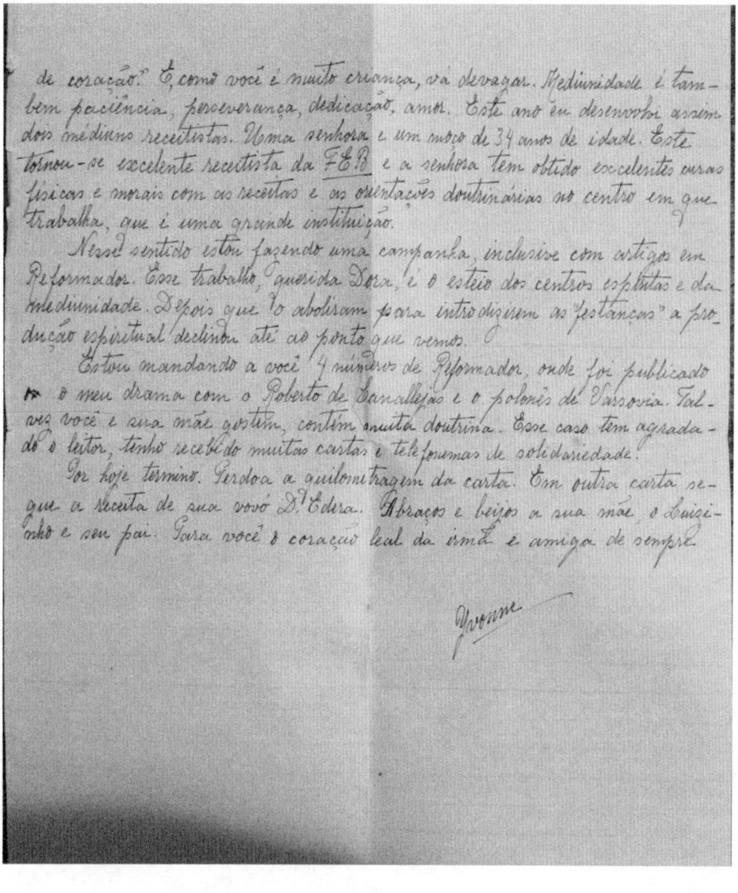

de coração." E, como você é muito criança, vá devagar. Mediunidade é também paciência, perseverança, dedicação, amor. Este ano eu desenvolvi assim dois médiuns receitistas. Uma senhora e um moço de 34 anos de idade. Este tornou-se excelente receitista da FEB e a senhora tem obtido excelentes curas físicas e morais com as receitas e as orientações doutrinárias no centro em que trabalha, que é uma grande instituição.

Nesse sentido estou fazendo uma campanha, inclusive com artigos em Reformador. Esse trabalho, querida Dora, é o esteio dos centros espíritas e da mediunidade. Depois que o aboliram para introduzirem as "festanças" a produção espiritual declinou até ao ponto que vemos.

Estou mandando a você 4 números de Reformador, onde foi publicado o meu drama com o Roberto de Canallejas e o polonês de Varsóvia. Talvez você e sua mãe gostem, contém muita doutrina. Esse caso tem agradado o leitor, tenho recebido muitas cartas e telefonemas de solidariedade.

Por hoje termino. Perdoa a quilometragem da carta. Em outra carta segue a receita de sua vovó D.ª Edera. Abraços e beijos a sua mãe, o Luizinho e seu pai. Para você o coração leal da irmã e amiga de sempre

Yvonne

Francisco Thiesen

Nascido no Rio Grande do Sul, em 28 de março de 1927, Francisco Thiesen foi expositor, escritor e pesquisador do Espiritismo no Brasil.

Embora tenha sido ativo no Movimento Espírita do estado onde nasceu, tornou-se bastante conhecido quando assumiu o cargo de Presidente da Federação Espírita Brasileira, exercido entre os anos de 1975 a 1990, quando desencarnou, em 6 de agosto, durante cirurgia cardíaca no Rio de Janeiro.

Destacou-se, também, com a publicação, em três volumes, da obra Allan Kardec, fruto de laboriosa pesquisa realizada ao lado de Zêus Wantuil.

A propósito da obra *Allan Kardec – Pesquisa bibliográfica e ensaio de interpretação*, que foi condensada em 2 volumes, pela FEB, em 2004, que Yvonne do Amaral Pereira escreveu a carta que se segue, que retiramos da edição de abril de 1982 da Revista "Reformador".

CARTA:

Prezado Sr. Francisco Thiesen

Digno Presidente da Federação Espírita Brasileira – Rio de Janeiro

Paz!

Terminei a leitura, há alguns dias, do magistral livro – *Allan Kardec* – de sua autoria e de parceria com o Sr. Zêus Wantuil. Não me seria possível, a menos que cometesse um erro ou uma ingratidão, deixar de confessar a minha satisfação e a minha admiração diante de uma obra doutrinária-espírita de tanta erudição, de pesquisas tão completas e inteligentes, tantos ensinamentos e noticiário que nos dá a conhecer melhor, em detalhes precisos, o trabalho, os sacrifícios, a luta heróica do Codificador da Doutrina dos Espíritos – o nosso mestre Allan Kardec (HIPPOLYTE LÉON DENIZARD RIVAIL).

Congratulo-me comigo mesma por ter vivido o bastante para haver lido essa obra antes de meu regresso à vida espiritual, pois muito do que ali está consignado eu desconhecia, ao passo que agora, após a leitura do citado livro, me encanta e reconforta a mente e o coração, além de ficar conhecendo intimamente, por assim dizer, quem realmente foi Allan Kardec e os fiéis amigos e colaboradores seus, que mesmo depois do seu passamento continuaram, com zelo e dedicação, a servirem o tesouro celeste que o Alto concedeu à Humanidade pelo apóstolo que foi Allan Kardec.

Nesse livro, não sei o que mais admirar e sentir: se o talento, a paciência, a boa vontade de ambos os autores, os quais, com o trabalho imenso que realizaram, presentearam os espíritas em geral com um acervo de ensinamentos verdadeiramente preciosos sobre a pessoa do Codificador, se a amplitude do assunto que muitos de nós necessitávamos conhecer a fim de imitar os exemplos do mesmo Codificador, cujo critério, sensatez, fidelidade ao dever, equilíbrio, espírito de fraternidade para com o próximo etc, são o que de mais precioso e brilhante a misericórdia de Deus nos poderia conceder a par da Revelação que, acreditamos, poderá salvar o mundo quando o mundo quiser ser salvo.

Não me considero crítica literária. Sinto e falo pelo coração e a razão. Mas tanto o coração como a razão também podem destacar a legitimidade de um tratado de Doutrina Espírita quando examinado por um adepto conhecedor, realmente, do

Espiritismo, e por isso declaro que muito bem me fez a leitura desse livro, que muito aprendi em suas páginas e que o considero um dos melhores e mais importantes livros, senão o melhor e mais importante, de toda a nossa bibliografia espírita, depois da Codificação.

Além do mais, com edificantes surpresas, encontrei ali vultos amados pelo meu coração durante toda a minha vida, através de leituras sobre História e Doutrina Espírita. Ali estão, em galeria nobre e venerável, não só o insigne Pestalozzi, sempre considerado e benquisto apesar dos anos que se seguiram, mas também Carnot, o conhecido Ministro do Interior dos Cem Dias, Mme. de Staël, sempre tão admirada, o célebre Johann Caspar Lavater, Maurice Lachâtre, Jean-Jacques Rousseau, "a genial figura pedagógica do século XVIII", que afirma – "A primeira educação é a que mais importa; e essa primeira educação compete, incontestavelmente, às mulheres"; Rousseau, que ainda hoje encanta, ensina e educa. Montaigne, do século XVI, tão citado pelos escritores de outrora, Mesmer, o célebre renovador do magnetismo, tão conhecido dos estudiosos, Théophile Gautier, o escritor primoroso, que revelava ideias espíritas em seus romances, enlevando o bom gosto literário dos moços do meu tempo, George Sand, a quem Kardec escreveu uma carta oferecendo um exemplar de *O livro dos espíritos*. Ao que parece, essa boa dama tornou-se espírita já no seu tempo, ou, pelo menos, era simpática ao movimento; Hahnemann, o pai da Homeopatia, a quem tanto devemos, Victor Hugo, o gênio inconfundível de sempre, positivamente espírita, o qual vive também no coração dos espíritas brasileiros pelo muito com que nos tem agraciado...

E os vultos queridos que aprendemos a amar através da Doutrina Espírita e das instruções dos espíritos nas páginas do amado *O Evangelho segundo o Espiritismo*, Fénelon, Lacordaire, Lamennais, Camille Flammarion, e ainda Amélie Gabrielle Boudet (Mme. Allan Kardec), Antoine Demeure, médico de Allan Kardec, as irmãs Fox, de Hydesville, cuja missão se tornou verdadeira epopeia, Victorien Sardou, Alphonse Cahagnet, Henri Sausse, Andrew Jackson Davis, o admirado Daniel Dunglas

Home, grande médium de efeitos físicos, que não acreditava na reencarnação porque conhecia muitos espíritos Marias Antonietas da França, reencarnados... e Conan Doyle, e Léon Denis, e Gabriel Delanne... e outros, e outros mais... Meu Deus! Sorvendo as páginas deliciosas desse livro encantador, eu me sentia em família, rodeada de amigos afins, que fizeram o enlevo da minha mocidade, quando lia e relia as obras que escreveram para enobrecer os seus leitores e presentear a todos, aos moços inclusive, o ensejo para a posse do Ideal! Foi como se eu revisse amigos com quem convivi numa terra distante, mas dos quais, separada pelas asperidades de um destino inesperado, agora os reencontrasse, saudosa, para meu consolo e minha alegria!

Muito necessitamos de livros assim, que retemperem nossas almas, amenizando as lutas que travamos com o materialismo sinistro da atualidade, de livros autênticos, que sirvam o nosso progresso neste final de século tão conturbado pelas trevas da ignorância das coisas de Deus e do Espírito, e por isso faço votos para que outros, assim sinceros e autênticos, apareçam para o triunfo de nossa Causa na sociedade e nossa instrução de espíritas de boa vontade.

Com fraterna estima e alta consideração, subscrevo-me

Irmã na fé espírita

Yvonne A. Pereira

Geraldo Silva de Carvalho

Durante palestra proferida na cidade de Votuporanga, interior de São Paulo, sobre a vida e a obra de Yvonne Pereira, tivemos a grata satisfação de conhecer Geraldo Silva de Carvalho, trabalhador espírita da cidade de Fernandópolis.

Ali em Fernandópolis, há mais de 50 anos, Geraldo fundou, juntamente com outros confrades, a Associação Espírita Beneficente "Pátria do Evangelho", na qual já cumpriu diversas funções, dentre elas a de Presidente, cargo ocupado na atualidade.

Geraldo conheceu Yvonne Pereira na década de 1960. Além das visitas pessoais, trocaram algumas cartas, das quais oito foram gentilmente cedidas para esta obra. Dentre elas, julgamos conveniente a publicação das cinco que aqui estão, devido às abordagens doutrinárias feitas pela médium e discussões que podem suscitar.

Leiamos, com bastante atenção, as ponderações de Yvonne, sobre elas refletindo demoradamente.

1ª CARTA:

Rio de Janeiro, 30-9-1966

Querido irmão e amigo Geraldo:

Paz, saúde e prosperidades, juntamente com a querida esposa e queridos pais, são os meus votos.

Recebi, com imensa alegria, sua gentil carta do dia 3, a qual respondo desejando, sinceramente, que você continue desfrutando a felicidade que a carta deixa transparecer. Foi uma alegria para o nosso coração o recebimento dessa carta, pois isso prova que não nos esqueceu na sua felicidade. Acho que foi a melhor coisa que você poderia ter feito: casar-se com a Doroty. Que Deus abençoe essa união, permitindo que Suas bênçãos iluminem sempre os seus caminhos, e que Jesus proteja essa felicidade, perpetuando-a com a assistência dos seus mensageiros. No dia do casamento, eu telegrafei, vocês receberam? Foi pena que não pudessem ter vindo à nossa casa quando da viagem de núpcias. Mas não reparo, porque esse tipo de viagem não permite muito tempo para visitas... e a promessa da visita de ambos, futuramente, conciliou tudo...

Estimo que vocês estejam se dedicando ao aprendizado e observação em torno da mediunidade. Essa prática espírita é das mais espinhosas, porque geralmente o diretor dos trabalhos força tanto o desenvolvimento da faculdade, nos seus protegidos, sobrecarrega tanto a mente deles com sugestões e imposições, que acabam "forçando" um desenvolvimento prematuro de faculdades psíquicas, mas não mediúnicas: animismo, hipnose, automatismo, sugestão etc. Quando vocês estiveram aqui, conversei muito com Cidinha sobre isso. O método que ela me expôs, dizendo ser o que usa, pareceu-me artificial e perigoso, por muito forçar a explosão da mediunidade, quando o recomendável é abandonar a faculdade ao sabor natural, somente se preocupando com a instrução doutrinária do médium e a prática da beneficência. Exercer o bem é também adaptar-se ao desenvolvimento mediúnico. Um conselho eu ouso dar-lhe, caro Geraldo: não force sua mediunidade, nem a de ninguém. Deixa que ela venha naturalmente. A prática do Espiritismo é difícil e espinhosa, requerendo muito estudo e observação, muita experiência de todos nós.

Congratulo-me com você pela sua adesão ao Esperanto. Será uma conquista valiosa para o seu espírito. À proporção que você for progredindo, mais encantado ficará. Atualmente, os Guias Espirituais estão fazendo mais questão que os jovens espíritas se dediquem ao Esperanto do que mesmo à mediunidade, com vistas à tradução das obras. Mas para que se chegue a isso, será necessário verdadeiro apostolado do Esperanto, visto que uma obra espírita só estará bem numa tradução perfeita. Um amigo meu, espécie de discípulo de Espiritismo, dedica-se ao Esperanto por indicação de Dr. Bezerra de Menezes. Em sete meses, ele assimilou a gramática e, agora, faz estudos sobre estilos literários, aperfeiçoando o conhecimento da língua. Será excelente tradutor, é inspirado e bem assistido, e o Ismael Gomes Braga deposita muitas esperanças nele. Ele vai escrever a você, pois um intercâmbio será bom, porque incentiva o desejo de progresso. Manda-me dizer qual o livro em que você inicia. Conheço vários para iniciarmos o estudo sozinhos. O mais prático é o *Junul Kurso*, que esclarece muito. Conforme sua reposta, mandarei alguns que tenho aqui, em duplicata, pois em todos eles aprenderemos muito. A gramática *Esperanto sem mestre* é um monumento, mas muito profunda para o iniciante. O melhor é passarmos pelos mais práticos, primeiro. O meu estudo na matéria vai lento. Disponho de pouco tempo, e ando tão doente, ultimamente, que não disponho de ânimo bom para quase nada. Mas a correspondência com o polonês está um encanto! Estamos "apaixonados" um pelo outro... Parece "amor de outra vida", Geraldo, eu sempre esperei esse "bendito" polonês, e só agora ele apareceu! Que irrisão! Mas tratando-se de amor de alma para alma, estará bem e não haverá razão para sofrimento. Ao contrário: para mim, é grande reconforto um amigo tão dedicado e, para ele, será estímulo para o bem... Enfim, tudo isso é sementeira fraterna para o futuro, pois o Esperanto une tanto ou mais do que o próprio Espiritismo, visto que não é sectário. Que você e a Doroty se dediquem bastante a tão nobre estudo, são os meus votos.

Caro amigo, de saúde não vou bem. Ultimamente, tenho passado muito mal, sofrendo com uma gastrite e complicações, que muito trabalho têm dado. Nem condições físicas para os deveres mediúnicos eu tenho tido, embora continue trabalhando assim mesmo. Já consultei três médicos sem resultados satisfatórios. E três receitas mediúnicas também não apresentaram resultados. Esperarei mais uns dias e, se não melhorar, procurarei um especialista. Talvez seja o princípio do fim, Geraldo! Se assim for, estarei preparada para tudo, rendendo graças a Deus por tudo. Estou cansada de sofrer, preciso voltar mesmo à Pátria Espiritual, a fim de me renovar para lutas futuras. Não se esqueça de orar por mim, a expectativa para mim é um tanto dolorosa, não obstante a coragem que sinto me protegendo o espírito.

Muito obrigado por você se lembrar dos retratos dos meus amados, que me cercam. Continuo entre eles, felicíssima sob o amparo espiritual que os amados me dão. Fiquei admirada foi de você lembrar da fisionomia do "meu" Zbigniew, o polonês. De fato, a fisionomia dele é tão simpática que, para mim, pelo menos, será inesquecível...

E por hoje termino, já me alonguei muito.

Recomendações de minha irmã e sobrinhos a você e a todos da família. Também eles não se esqueceram de você e ficaram felizes com o seu casamento e suas notícias.

Abraça-o muito fraternalmente a irmã agradecida de sempre,

Yvonne

* * *

Partindo do último assunto tratado na carta, vemos o cuidado e a atenção com que Yvonne Pereira tratava o Esperanto, proposta de língua universal que, há décadas, é abraçada por corações idealistas, dentro e fora do Movimento Espírita. Ela mesma o estudava e, graças ao seu cultivo, pôde se corresponder com o polonês Zbigniew Plesinsk, que identificou como sendo uma alma afim pelos laços do pretérito.

Acreditamos que o "discípulo de Espiritismo" a que se refere é o dedicado confrade Affonso Soares. Nascido em 1940, conheceu o Espiritismo em 1959 e, desde 1961, aproximou-se de Yvonne Pereira, acompanhando-a, como amigo sincero e fiel, até os últimos dias de sua existência.

Tinha razão Ismael Gomes Braga, o grande esperantista espírita brasileiro, em depositar esperanças no então jovem Affonso Soares. Graças ao direcionamento dado por Dr. Bezerra de Menezes, Affonso se tornou grande divulgador do Esperanto, no Brasil e no mundo, graças à regularidade de sua seção sobre o assunto na Revista "Reformador", mensário da Federação Espírita Brasileira criado ainda no século XIX.

Atualmente, ele prossegue firme em seus propósitos. Aos 75 anos, é Diretor do Departamento de Esperanto da FEB, função que ocupa há bastante tempo, bem como é um dos responsáveis pela edição da Revista "Reformador".

Ao tempo da correspondência de Yvonne com o polonês, era Affonso quem traduzia as cartas dele para o português, bem como as dela para o esperanto. Graças a seu domínio do idioma universal, Affonso também se tornou, conforme a previsão da *pupila de Charles*, em importante tradutor das obras espíritas para o esperanto.

Com relação à discussão sobre desenvolvimento mediúnico, deixaremos para os comentários à próxima carta, que também fere a questão e acrescenta algumas observações bastante pertinentes.

2ª CARTA:

Rio, 26-5-1967

Caro irmão e amigo Geraldo:

Paz e saúde a você, à Doroty e demais familiares queridos, é o que sinceramente desejo.

Recebi sua carta de 4 do corrente, tão amiga e fraterna, a qual respondo com muita satisfação. Felicito a você e à Doroty pela bênção que receberão do Céu, com a vinda do primogênito.

É possível que ele já esteja aí, dentro do bercinho... Se assim é, aqui está minha visita com os votos de boas-vindas e feliz e proveitosa permanência entre nós.

Felicito-os também pelo belo e eficiente trabalho que vocês realizam na Fazenda, evangelizando as crianças e reeducando os adultos à luz do Evangelho, além das outras operosidades. Deus abençoe esse labor, digno da proteção do nosso Mestre Jesus. Sua missão estava aí mesmo, entre os humildes e pequeninos, e creio que aí seu trabalho é mais eficiente e lindo do que na capital, onde outros se desdobram também. Que continuem assim as suas operosidades, sempre dedicadas e assistidas pelo Alto, é o meu sincero desejo. Você é bastante conhecedor da Doutrina, possui amor e boa vontade e, por isso, poderá realizar excelentes serviços a benefício da Causa de Jesus e do próximo.

Quanto a mim, continuo no meu posto, mas desde janeiro estava parada por motivo de doença física. Todo o ano de 66 passei muito mal do fígado, até que, em março deste ano, fui internada no hospital, a fim de ser operada. Correu tudo bem, a vesícula foi extraída com 460 pedras. Sofri muito, Geraldo, mas tive muito amparo e agora estou me recuperando lentamente. Dia 22, reiniciei o trabalho psicográfico e, graças a Deus, vai tudo bem. Tenho dois livros na FEB para sair, os quais retardaram devido à falta de linotipista, mas sairão, se Deus quiser.

Sobre o que você escreveu, relativamente a desenvolvimento de médiuns, eu nada tenho a opor do método do Comandante, como não me oponho a nenhum outro método. Conheço o livro dele, sei que é baseado em Kardec e reputado muito bom. Sei das excelentes qualidades do nosso irmão em questão e, por isso, respeito-o e admiro-o. Apenas quando a Cidinha esteve aqui e expôs certas coisas que ela própria realiza, pedindo minha opinião, eu sinceramente a dei porque, conforme ela disse, a mediunidade é forçada (coisa que há muito hoje em dia), e todos nós sabemos que a mediunidade não poderá ser forçada porque, assim sendo, desencadeará fenômenos psíquicos-mentais e não, propriamente, a delicada faculdade mediúnica. A mediunidade é um dom de Deus e, assim sendo, não pode ser forçada. Aliás, quando alguém se aconselha comigo, eu sempre previno contra isso, sem críticas a quem quer que seja, interessada sempre em que os demais crentes espíritas desfrutem a felicidade que eu própria tenho desfrutado com a minha faculdade. E de todas as mediunidades, a vidência é a mais delicada, absolutamente não podendo sofrer a violência nem mesmo de uma ideia pré-concebida, a fim de não originar criações mentais, que passarão por vidência. E o que existe mais é, mesmo, a criação mental passando por vidência.

Se, pois, você faz conforme os dizeres da sua carta, está excelente, meu filho, é Doutrina Espírita legítima e eu só tenho a louvar o seu esforço e boa vontade de criteriosamente observá-la. Não pense, portanto, que fui contrária às recomendações do Sr. Edgard Armond. Sou contrária, sim, a quem, forçando a mediunidade, prejudica-a em si mesma e aos outros. Tenho 41 anos de experiências mediúnicas e conheço bem os seus segredinhos... apesar de reconhecer que apenas conheço um detalhezinho da mesma.

Caro Geraldo, o papel se esgota e eu não desejo tomar mais o seu tempo. Envio abraços e beijos à Doroty, pedindo a Jesus a ampare no momento de receber o nenê. Abraços também a você, com a amizade de sempre, e aos queridos familiares. Da amiga de sempre,

Yvonne

* * *

Yvonne Pereira era contrária a qualquer método que estimulasse o desenvolvimento da mediunidade, e não ao desenvolvimento da mediunidade em si. Se assim o fosse, seria contrária ao próprio Kardec, que tratou do assunto em *O livro dos médiuns* de forma satisfatória.

O desenvolvimento da mediunidade não somente é possível, como foi objeto dos estudos de Kardec. Embora grande parte do Movimento Espírita não goste da expressão, ela significa fazer crescer, permitir, facilitar o desabrochar, e não fazer surgir mediunidade onde ela não exista.

Na opinião da médium Yvonne, o melhor meio de permitir

o desenvolvimento da mediunidade é deixá-la surgir no seu tempo, sem o que chama de "forçar" a mediunidade. Era a maneira como conduzia suas tarefas, pois foi a maneira como aconteceu consigo própria.

A *pupila de Charles* emprega ênfase especial à mediunidade de vidência. Em sua opinião, "de todas as mediunidades, a vidência é a mais delicada, absolutamente não podendo sofrer a violência nem mesmo de uma ideia pré-concebida, a fim de não originar criações mentais, que passarão por vidência". E seu cuidado tem razão: grande é o número de pessoas que mistura fantasias, delírios e autossugestão à vidência, quando esta efetivamente existe. Acabam vítimas da própria imaginação superexcitada, seja pelas demandas internas, seja por pressões exteriores.

O resultado disso será o falseamento da mediunidade, com grave comprometimento para o "médium" e para quem o cerca e nele tenha depositado sua confiança...

3ª CARTA:

Rio, 17.2.68

Caro amigo e irmão Geraldo:

Muita paz, prosperidades e assistência do Alto para você e todos da querida família. Espero que continuem bem de saúde e que a Olivinha progrida sempre nas artes e nas gracinhas que tanto encantam. E parabéns a ela pela perspectiva feliz da vinda de um irmãozinho para fazer-lhe companhia nas traquinagens futuras... A casa ficará mais alegre e movimentada, não resta dúvida, porque as crianças são mesmo a alegria do lar. Que Jesus ampare a Doroty, permitindo um período tranquilo de gravidez.

Fico satisfeita em saber que os seus trabalhos aí na Fazenda decorrem bem orientados e com resultados felizes. O Alto jamais deixa de assistir os de boa vontade, que estão com as mãos no arado, caro Geraldo! E você está com um excelente trabalho aí, abençoado, certamente, por Jesus e assistido pelos nossos Protetores. Sobre o que você pergunta, quanto à participação nos trabalhos de desobsessão, se me permite, eu aconselharia a você rejeitar. É trabalho muito pesado, que constitui especialização entre médiuns e diretores, requerendo vigilância rigorosa por parte de todos, a fim de produzir bons êxitos. Você já tem o trabalho de evangelização aí na Fazenda, o qual também é melindroso e constitui especialidade, e os Guias aconselham sempre a não acumularmos afazeres, porque, assim procedendo, não faremos nada com perfeição. Você poderá ajudar com as preces, que têm um valor sagrado, mas não participando dos trabalhos. Isso, porém, é a minha opinião, que você pediu, opinião formada de observações em torno do assunto, durante muitos anos de prática. Mas você fará o que entender, meu filho, ou o que as intuições do coração aconselharem.

Quanto à observação do irmão Nestor, sobre o médium que só recebe espírito de crianças, é muito interessante, e vejo que ele possui a necessária prudência para o caso. Diz a ele para investigar se esse médium não tem qualquer influência umbandista. Os médiuns umbandistas é que têm essa mania, mas isso é falta de cultura doutrinária, mais animismo e sugestão do que, mesmo, verdade. O espírito não é criança, é adulto milenar. Criança só é o corpo carnal. A infância do espírito é a animalidade chamada irracional. O espírito desencarnado durante a infância pensa como adulto, possui mentalidade de adulto, porque é adulto. Há casos em que, no Espaço, ele conserva o aspecto infantil, quando a desencarnação foi prematura. O perispírito continua, então, preparado para a volta à carne. Mas, nesse caso, ele se encontrará muito controlado pelos assistentes espirituais e não se poderá comunicar, porque esse trabalho é pesado para a situação em que se encontra, perturba-o muito, e mesmo não há necessidade disso. Em 41 anos de exercício mediúnico intenso, eu apenas vi uma comunicação de espírito de criança. Foi um menino de 10 anos, que morreu envenenado. Comunicou-se 20 dias depois da morte, em grande sofrimento. Geralmente, se comunicam, a mentalidade é de adulto, principalmente se é adiantado. Mas poderia apresentar-se como criança à vidência ou nas materializações, para identificar-se a parentes ou a conhecidos. Nesse caso, a vontade dele atua sobre o perispírito, conseguindo tal resultado. Certo é que comunicações de crianças são raríssimas, pois nem o espírito, nem o perispírito, são infantis. Esse médium do irmão Nestor, recebendo só crianças, parece-me suspeito. Dir-se-ia que se trata de sugestão ou animismo, quando muito de mistificação de algum desencarnado interessado em prejudicar o médium ou em divertir-se. Como já disse, isso é comum em Umbanda. Já vi médiuns umbandistas subirem na mesa, quebrarem tudo, pedirem doces, numa ação mistificadora ridícula. Cosme e Damião foram médicos cristãos do III século. Pois, médiuns da Umbanda os recebem como crianças, fazendo arte e dizendo inconveniências, somente pela sugestão provinda do fato de que eles eram gêmeos. Enfim, não vejo razão para o médium do Nestor receber só crianças. Poderia analisar mais profundamente, mas creio que é bastante o que aí fica, não é? E se observo tudo isso, é atendendo ao pedido que você me fez. Em verdade, Geraldo, eu não sou palmatória do mundo...

Sim, o Jacques Conchon esteve aqui com outro confrade. Gostei muito de ambos. Mas não sei se a minha conversa estava boa. Eu não sabia que se tratava de uma entrevista. Se tivesse sabido antes, teria me preparado melhor e a entrevista também seria melhor. Os livros para crianças vão indo bem, mas ainda não estou com nenhum para o prelo. Entrará em breve o primeiro, se Deus quiser, pois se trata de uma série de 5 livros. Servirão de auxílio, também, para quem ensina, Geraldo, pois dão margem a explicações doutrinárias faladas. Isso vem me preocupando muito, pois Dr. Bezerra acha que é necessário levantar o nível intelectual da criança espírita. De forma que os livros são para aprender mesmo, para estudo, embora distrairão também um pouco. É método kardecista, e Dr. Armando Assis, principal examinador da FEB, acha que as lições servirão para crianças... até 80 anos de idade. Estou esperançada de que possam prestar alguns serviços bons. Graças a Deus, até agora tudo corre bem.

Estimo que você tenha lido *Memórias de um suicida*. É livro forte, não há dúvida, e há pessoas que não aguentam muito a leitura, principalmente quem não tem hábito de literatura clássica. Mas já tem salvado muita gente do suicídio e, portanto, vejo que não perdi de todo o meu tempo.

Quanto ao Esperanto, não vou muito bem. Parei com o estudo temporariamente, em vista da falta de tempo. Mas já leio e escrevo corretamente e, por isso, a correspondência com Zbigniew continua, sempre agradável e confortadora para ambos, e trazendo benefícios. Tenho um correspondente na Tcheco-Eslováquia, também, o qual está se iniciando no Espiritismo. É meu "discípulo". E que trabalho eu tenho para enviar os livros em Esperanto e as explicações às perguntas que faz! Mas tem dado bons resultados, graças da Deus!

Termino, porque já me alonguei muito. Fico à espera da visita de vocês. Mas é bom telefonar antes de virem aqui em casa.

Abraços e beijos a Doroty e a Olivinha, com muitos votos de paz. Que Deus os abençoe e guarde, é o desejo da irmã em Jesus, que o abraça fraternalmente,

Yvonne

* * *

Yvonne Pereira era da opinião de que não devemos acumular tarefas na seara espírita. No tocante à desobsessão, em particular, acreditava que médiuns e dirigentes deveriam se especializar, como será possível conferir nos comentários às cartas destinadas a Maria Aparecida Costa, no próximo tópico.

Entretanto, aqui temos um detalhe especial: ela considerava a tarefa de evangelização tão importante quanto a tarefa mediúnica, situando-se em mesmo nível de complexidade. Por isso afirma que tal trabalho "também é melindroso e constitui especialidade", o que mais e mais vemos se confirmando, na atualidade.

Infelizmente, há Casas Espíritas em que os novatos, os iniciantes no Espiritismo é que são levados a conduzir a aprendizagem do Espiritismo junto às crianças, como e se tratasse de uma atividade menor, simplória. Nada obstante, exatamente por significar as primeiras noções, os primeiros contatos com o Espiritismo, tal tarefa deve ser conduzida por quem esteja melhor habilitado, seja de conhecimentos espíritas, seja de conhecimentos adequados para lidar com as diversas faixas etárias. Daí porque se reveste, sim, de bastante cuidado, devendo constituir verdadeira "especialidade" entre nós.

Outro ponto pertinente guarda relação com a comunicação de crianças. Falando a partir de sua experiência mediúnica, Yvonne aduz que tais comunicações são raríssimas, haja vista que, ainda que deixe a existência quando criança, o espírito costuma recobrar a condição de adulto, no Mundo Espiritual.

É possível que tal afirmação contrarie as experiências de médiuns, aqui e acolá, mas não podemos deixar de considerar que se trata da opinião, dela, Yvonne Pereira, que bem situa seus argumentos nas razões que aponta. Em verdade, parece-nos que ela deseja deixar claro que espíritos que assim se comuniquem, com características infantis, afora os casos que a observação demonstre serem irrefutáveis, ou bem podem estar mistificando, ou não são, necessariamente, espíritos em boas condições espirituais.

Daí porque nunca será demais nos resguardarmos sob o manto da cautela e bom senso, avaliando caso a caso, a partir da observação criteriosa e das luzes que podemos encontrar não apenas nas experiências de Yvonne, mas também de Kardec, Delanne, Bozzano e outros tantos pesquisadores respeitáveis.

4ª CARTA:

Rio, 23.5.1968

Caro irmão e amigo Geraldo:

Paz em Jesus, saúde e prosperidades, é o que sinceramente desejo a você, Doroty, Olivinha e seus queridos pais.

Recebi sua carta de 20 de março, com os belos postais de Santos. Muito obrigada, Geraldo, pela sua bondade. Os postais já estão em Varsóvia, fazendo água na boca daqueles poloneses, que só têm neve e frio e um mar pobre, muito exíguo e distante.

Estimo que tenham feito boa viagem e que tudo continue em paz e prosperidades, inclusive o movimento doutrinário. Creio que você tem razão, só o estudo acurado da Doutrina nos fará discernir criteriosamente, fazendo-nos separar a verdade das fantasias. Mas não podemos nos restringir somente a Kardec, embora ele seja a base. Os seus seguidores também são imprescindíveis, como Léon Denis, Gabriel Delanne, Bozzano etc. Kardec lutou muito, não teve tempo de examinar certos pontos em todos os aspectos, apenas examinou pontos gerais e normais, e já há um século! Infelizmente, há ainda livros muito bons que não foram traduzidos, mas tenho esperanças que, dentro em breve, as editoras de São Paulo traduzam os que nos faltam.

Estimo que você tenha visitado a Casa do Coração. Eles trabalham muito e são bons, mas um tanto autossuficientes. Quando convidam alguém para falar, previnem que lá é só frequentado por doutores, professores e altas patentes da Marinha e do Exército; por isso, muitos oradores deixam de aceitar os convites, eu inclusive. Exigem que a palestra seja de elite. Ora, são justamente tais classes que menos assimilam os ensinamentos espíritas. A Doutrina que elas têm é toda sofisticada e interpolada. Mas, o que havemos de fazer?...

Geraldo, todos nós gostamos imensamente de sua mãe e da Doroty. Parece que éramos ou somos conhecidos antigos, tanta foi a afinidade que tivemos. Achamos a Doroty muito bonita e afável, com excelentes irradiações, e sua mãe, o tipo da vontade e da sensatez. Parabéns, Geraldo! Deus os conserve assim, harmonizados e felizes.

Aqui, continuamos fazendo o que é possível. Agora, estou com a campanha dos agasalhos e cobertores, para socorrer os pequeninos de Barra Mansa. Tenho ido a essa cidade para fins doutrinários e associei-me às obras de assistência aos necessitados de lá, e vou fazendo o que posso. Você não imagina a falta de cultura doutrinária existente lá! Misturam tudo, personalizam a Doutrina; médiuns, sem orientação, mistificando, enfim, terreno árido e difícil, onde os fariseus são falsos líderes e só meia dúzia luta pela verdadeira Doutrina. Fui convidada a cooperar com essa meia dúzia, e como rejeitar o ensejo? Por isso, vivo muito atarefada, pois tenho de ir até lá periodicamente.

Seu cunhado, o Coronel Venício Doreste, não voltou aqui até o momento. Quando voltar, será bem-vindo.

Meus trabalhos psicográficos prosseguem em ritmo normal. Terminei o 3º livro para crianças e o 1º já está definitivamente aceito pela FEB. O financiamento para os clichês caiu do Céu, com a maior facilidade os irmãos cooperaram sem que eu mesma pedisse, principalmente o de Ponta Grossa, no Paraná. Mas às vezes temo que os livros não sejam bem aceitos pelas crianças. O nível da cultura infantil, hoje, é muito baixo, o ensino oficial é simples demais, e os Guias querem elevar o nível cultural da criança espírita. Daí o meu receio. Em todo caso, os livros servem de roteiro para quem ensina e servem, também, para jovens de 12 anos em diante. Que Deus me ampare!

O meu *Recordações da mediunidade* tem tido boa aceitação, alguns confrades têm feito palestras inspirados naqueles temas.

Tenho ainda algumas novidades a dizer, um caso de obsessão que conseguimos debelar, belíssimo, sob orientação do Dr. Bezerra, mas fica para outra vez. Modo de tratar completamente diferente dos usados até aqui.

Abraços a D. Anésia, Doroty, Olivinha e demais familiares, que todos enviam, e também para você. Todos recordam a visita com muito carinho e simpatia.

Abraça-os também a irmã e amiga de sempre,

Yvonne

5ª CARTA:

Rio, 25.11.80

Caro irmão e amigo Geraldo:
Paz!

Foi uma alegria receber sua carta e obter notícias de todos vocês. Durante toda essa temporada de silêncio, também eu não o esqueci, lembro-me muito bem da pequenina, agora com 13 anos de idade, da Doroty, de sua mãe, da alegria que sentimos pela visita tão fraterna. Não sabia que vocês já são pais de seis filhos. Que heroísmo, numa época como a atual, de dificuldades e confusões! Deus os abençoe, dando-lhes forças para encaminhar os filhos para as estradas firmes do Reino de Deus.

Muito grata pela sua carta. De fato, sofri um derrame cerebral parcial e passei dias difíceis. Graças ao Pai não atingiu o cérebro, continuei lúcida, apenas com o lado esquerdo semiparalisado até agora. Estou bem melhor, embora não caminhe ainda livremente. Não sei como agradecer a Deus o amparo que tive. Dr. Bezerra faltou pouco materializar-se. Mandou-me até trocar de médico para um homeopata, pois os medicamentos do cardiologista, conquanto me fizessem muito bem, causaram-me uma intoxicação penosa, devido à quantidade ingerida e a dieta muito severa. Trato-me, agora, com o Dr. Lauro Santiago, espírita, diretor da FEB, e dou-me muito bem.

A respeito da Campanha de Valorização da Vida, acho que você tem toda razão. Essa campanha é mundial, como sabemos, seus fundadores ou dirigentes são materialistas, não cogitam de oferecer o melhor remédio para evitar o grande mal do suicídio: o Evangelho, a Doutrina Espírita. Então, acho que o espírita há de fazer esse trabalho sem se filiar a essa campanha, fazer o trabalho sozinho, como há muito vimos fazendo. Dou, pois, razão a você de querer se libertar desse jugo, que nos impõe a exclusão do Evangelho e da Doutrina Espírita, tão eficientes para o dito trabalho. Mesmo porque, muitos casos de suicídios são movidos pela obsessão, e o Evangelho, iluminando a obsessão, oferece a maior garantia ao paciente, ao passo que só o tratamento material não oferece a mesma garantia. Eu me retiraria imediatamente se me tivesse filiado a essa Campanha. Creio o seu trabalho bom e legítimo, não há necessidade de você se submeter a tal direção. Desejo que você resolva a situação com boas inspirações dos nossos amados protetores espirituais.

Infelizmente, Geraldo, está havendo muitas esquisitices em torno da Doutrina. Deserções, ideias pessoais, hostilidades e antagonismos entre confrades, inimizades, invejas, ciúmes, coisas arbitrárias nos Centros Espíritas, enfim, até afastamento dos ensinamentos de Kardec por novidades deturpadoras. Precisamos cerrar fileiras contra tal movimento, fruto das trevas! O derrame por mim sofrido deu em resultado o fim de minha mediunidade. Não trabalho mais, minha tarefa está encerrada, por isso pouco mais posso fazer por nossa Doutrina. Deixo para vocês, muito mais moços do que eu, o que for preciso fazer.

E agora termino, não posso escrever muito. Perdoa, pois, a má escrita, ainda não consigo escrever como dantes.

Muitas saudades, abraços e beijos para você, Doroty e as crianças, e à mocinha de 13 anos, que eu conheci recém-nascida. Jesus os abençoe e guarde, é o desejo da irmã em Jesus Cristo,

Yvonne

Maria Aparecida Costa

Após realizar campanha na internet, sobretudo no Facebook, para tentar recolher cartas escritas por Yvonne Pereira ao longo de sua vida, fui contatado por Wellington Santana Ferreira, de Minas Gerais, que afirmou ter duas missivas que poderiam interessar para a pesquisa.

Dias depois de ter lhe passado meu endereço, recebi correspondência com cópias das duas cartas que se seguem.

Aqui estão, transcritas e comentadas, por reconhecer o interesse doutrinário que encerram. Diferentes de outras reunidas neste volume, nelas, Yvonne é mais precisa e, até mesmo, cirúrgica no tratamento das questões que lhe são propostas por D. Maria Aparecida Costa, que lhe endereçou dúvidas sobre suas tarefas mediúnicas.

Vejamos cada uma delas e as observações que podem suscitar.

1ª CARTA:

Rio, 01.03.1976

Querida irmã,
Maria Aparecida Costa
Paz em Jesus!

Respondo sua carta de 23.02.1976, fazendo votos pela sua saúde e para que as bênçãos de Deus protejam o Centro Fé, Esperança e Caridade.

Procurei ouvir os nossos guiais espirituais e segue o que obtive do Espírito Dr. Bezerra de Menezes. De fato, minha irmã, as sessões de desobsessão não são fáceis de realizar e necessitamos de muita experiência, estudo e conhecimento para que elas sejam eficientes e não corramos o risco de infiltrações obsessivas em nós próprios e nos médiuns. Para tais trabalhos, são necessários médiuns que possuam essa especialidade, que requer muita observação em torno deles, previamente; e que eles sejam bastante evangelizados, abnegados mesmo, cheios de amor e dedicação, e aptos a qualquer renúncia. É trabalho santo, mas que exige muita responsabilidade e conhecimento de causa, uma iniciação a mais perfeita possível. A fé ajuda muito, mas não é tudo, pois que todos nós somos imperfeitos e nem sempre estaremos preparados para tais serviços. Atualmente, raros são os Centros que não sofrem esses problemas com as sessões de desobsessão. Prometo orar e pedir a Jesus por você e o Centro, e aconselho-a a que procure estudar a Doutrina com método e disciplina, não se limitando, porém, às obras mediúnicas, mas preferindo as clássicas. Deus há de ampará-la e estou certa de que a irmã vencerá. Quanto à irmã Carmélia Silva, que não se perturbe. Quando o médium atinge certa idade, a mediunidade começa mesmo a declinar. A mediunidade não acaba, pois é uma faculdade imortal que tem a sua sede no perispírito, mas a possibilidade de transmissão é que vai declinando com o avanço da idade, visto que o veículo para manifestação dela é o sistema nervoso, o fluido vital e as glândulas cerebrais, e tudo isso decresce com o avanço da idade, a partir dos 50 anos. Há médiuns que resistem mais, outros menos, conforme sejam dotados. Eu também já não trabalho em psicofonia nem passes, e já não escreverei mais livros, embora ainda tenha vários para rever e publicar. É, portanto, fato natural, e não devemos nos impressionar por isso. A seara do Mestre é grande e há muito a fazer fora da mediunidade. Em psicografia, eu ainda trabalho e muito, mas livros não mais escreverei, é trabalho muito pesado. É possível também que a irmã Carmélia esteja esgotada e com alterações cardíacas, o que também perturba a mediunidade. Seria bom ela consultar o médico a fim de verificar isso.

Sem mais despeço-me recomendando-me a todos com muito carinho e fraternidade.

Da irmã em Jesus e serva agradecida.

Yvonne

P.S – Perdoa as emendas da carta, estou um pouco cansada, pois escrevo desde manhã e já são 16hs.

* * *

Essa carta foi escrita quando Yvonne Pereira já se encontrava afastada de grande parte das atividades em Centros Espíritas, além de já ter se "aposentado" de certas tarefas mediúnicas. Entretanto, diante das questões propostas pela remetente sobre a realização de reuniões de desobsessão, a médium buscou ouvir o espírito Bezerra de Menezes, de quem recebeu inspiração para as considerações feitas.

De suas palavras, depreende-se a severidade com que tratava as questões mediúnicas, especialmente a tarefa desobsessiva. Acreditamos que tal severidade, conquanto reflita a grande responsabilidade com que tais atividades precisam ser desenvolvidas, em parte responde pelo temor com que muitos Grupos Espíritas tratam a mediunidade e a desobsessão, por vezes deixando de se prepararem, e aos trabalhadores da mediunidade, para tais cometimentos.

Nada obstante, ela própria, Yvonne Pereira, acreditava nessas tarefas e defendia a necessidade de que grupos se especializassem em desobsessão. Afinal, dizia ela, esse é dos cometimentos mais nobres e genuinamente espíritas. O que faltava, àquela época como na atualidade, são pessoas dispostas a atender as exigências a que se refere: estudo, abnegação, dedicação, renúncias e assunção de responsabilidade.

Além disso, fala para uma médium que, pelo que se depreende, vivia o declínio da mediunidade. Yvonne, partindo da própria experiência e das lições de Kardec em *O livro dos médiuns*, lembra que fatos assim são perfeitamente naturais, pertinentes ao processo mediúnico, cabendo-nos a preparação devida para os vivenciarmos de forma tranquila e equilibrada.

É natural que, com o avançar da idade, os médiuns se ressintam do declínio das possibilidades mediúnicas. Tarefas que exigem maior vigor físico, como efeitos físicos e a psicofonia de obsessores e espíritos em condições mais delicadas, acabam sendo inviabilizadas, para que se evitem abalos à saúde do médium. Entretanto, como exemplifica a própria Yvonne, é possível canalizar o potencial mediúnico para outras tarefas, qual ela própria fazia, atuando junto a aconselhamentos espirituais, pela inspiração ou diretamente pela psicografia.

Na carta que se segue, a *pupila de Charles* vai ferir, de modo mais direto e incisivo, o problema das reuniões de desobsessão.

2ª CARTA:

Rio, 20.07.1983

Prezada irmã Maria Aparecida:
Paz!

Recebi sua carta de 15 do corrente e fiquei ciente das suas dificuldades para a prática doutrinária experimental. Infelizmente, não posso obter uma orientação espiritual para o seu caso. Há três anos não trabalho mais como médium, tive derrame cerebral e agora estou gravemente doente, escrevendo esta com muita dificuldade. Pela sua carta, porém, compreendi o que se passa, e como tenho muita experiência sobre trabalhos de desobsessão, posso dizer algo a respeito.

Pela sua carta, minha irmã, vejo que vocês não têm a menor condição para trabalhos de desobsessão. É um trabalho muito difícil, que requer experiência e muito estudo especializado, mesmo os médiuns são especializados para isso, qualquer médium não serve. Os seus médiuns são frágeis e inexperientes. Em vez de fazer essas sessões, vocês devem fazer reuniões de preces, no Centro, para os obsessores, ler o Evangelho para eles, procurar amá-los muito, pois é isso que eles precisam. Quem trata desse setor doutrinário (e de vários outros) tem que fazer renúncias, morrer para o mundo e para si mesmo e ressurgir para Deus, praticar a caridade e ler os livros clássicos, não só os mediúnicos. Os livros que você citou não servem, somente *O livro dos espíritos* e *O livro dos médiuns* servem. Estudem todo *O livro dos médiuns* com muita atenção e amor, porque é ele que trata da parte experimental. Procure estudar também os livros de Léon Denis: *Depois da morte*, *No invisível*, *O problema do ser, do destino e da dor*. Leia também os livros de Ernesto Bozzano e muitos outros que fazem a estrutura doutrinária dos escritores missionários que encarnaram especialmente a fim de formarem a estrutura doutrinária. Alguns livros doutrinários mediúnicos ajudam, mas a maioria não serve. É indispensável o estudo do Evangelho de Kardec, livros de mensagens não servem. Vocês precisam do Evangelho, a fim de se fortalecerem para enfrentar os obsessores, os quais são muito ardilosos e renitentes, só se submetem quando deparam pessoas de moral superior. É preciso amá-los, orar por eles, ter fé e firmeza; ao contrário, eles dominarão e uma obsessão será inevitável. Até segunda ordem, orem só nas sessões no Centro e leiam o Evangelho para eles, e orem pelos obsediados que recorrem a vocês. Isso dá resultado, é o que faço atualmente, pois não trabalho mais.

Quanto à assistência de um mentor, não é assim como você diz. *O livro dos médiuns* diz que o adepto só deve fazer intercâmbio espiritual quando tem certeza de que um espírito superior o está assistindo. Ore e suplique a Jesus a graça de um guia superior para os seus trabalhos em geral. Pede a assistência de Bezerra de Menezes, Eurípedes Barsanulfo, Bittencourt Sampaio, Emmanuel etc. Temos de conquistá-los com o nosso amor e nossa fé.

Há romances mediúnicos que ensinam obsessão: *Amor e ódio*, *Dramas da obsessão* e vários outros, como *Recordações da mediunidade*, *A tragédia de Santa Maria*, todos esses são meus.

Enfim, vocês precisam de muito estudo, inclusive de Evangelho e muita caridade. O esteio da mediunidade é a caridade. Não tenha pressa. Mediunidade é paciência, amor, fé, estudo, renúncia, boa moral etc etc.

Agora termino, não posso dizer mais em uma carta. Perdoa os senões desta carta. Estou muito doente, quase não escrevo mais cartas.

Deus as abençoe e que os guias espirituais as ajudem e inspirem.

Envio abraços e beijos para vocês todas. E que Jesus as proteja.

Leia *Devassando o invisível*, é meu também.

Yvonne

* * *

A leitura dessa carta, bem como da anterior, pode sugerir, em um exame ligeiro, que Yvonne Pereira era contrária à realização de reuniões de desobsessão, dadas ponderações que faz, sobretudo quando aconselha que aquele grupo desista da tarefa, nos moldes em que era realizada. No entanto, era contra o despreparo, a falta de estudo, o desconhecimento de causa e ausência da dedicação devida que ela se levantava, por conhecer os inconvenientes e tropeços que podem surgir em atividade de tal gravidade.

Como conhecedora de Kardec, especialmente de *O livro dos médiuns*, ela não ignorava esta passagem do citado livro, em que o mestre francês trata da evocação de espíritos obsessores:

> 278. Uma questão importante se apresenta aqui, a de saber se há ou não inconveniente em evocar maus Espíritos. Isto depende do fim que se tenha em vista e do ascendente que se possa exercer sobre eles. O inconveniente é nulo, quando são chamados com um fim sério, qual o de os instruir e melhorar; é, ao contrário, muito grande, quando chamados por mera curiosidade ou por divertimento, ou, ainda, quando

quem os chama se põe na dependência deles, pedindo-lhes um serviço qualquer.

Compreendendo-se que reuniões de desobsessão servem para "um fim sério, qual o de os intruir e melhorar", o problema não está, como fica claro, na reunião em si, mas no não atendimento dos seus requisitos necessários que, no dizer de Kardec, guardam relação com o "fim que se tenha em vista e do ascendente que se possa exercer sobre eles", ou seja, os espíritos.

Confirmando o que dizemos – que Yvonne Pereira não era contrária às reuniões de desobsessão –, vejamos as palavras da médium, registradas no livro *À luz do Consolador* (1997, p. 170-171), em que afirma de modo peremptório:

> Muitos militantes do Espiritismo entendem que o trabalho de desobsessão, entre nós, está superado e deve ser abolido das cogitações dos Centros Espíritas. Não concordamos com tal modo de pensar, porquanto, se o Alto nos concedeu a possibilidade de tentar algo a benefício dos irmãos que a sofrem; se nos foi recomendado, desde os tempos de Jesus e do advento da Doutrina Espírita, curássemos os enfermos, expulsássemos os demônios e ressuscitássemos os mortos (e obsessores não serão, porventura, **mortos**?); se amamos nossa Doutrina e desejamos glorificá-la; e se, finalmente, amamos o próximo e desejamos servir ao Bem e progredir, cumpre-nos a habilitação para os serviços supranormais que nos forem apresentados durante o nosso carreiro de espíritas. (Grifo do original)

Assim, fica claro que Yvonne, ao dirigir-se à D. Maria Aparecida nos termos em que faz, certamente tinha em mente as informações trazidas pelas notícias que lhe foram apresentadas, não pela realização da reunião em si. Embora não tenhamos acesso à carta que motivou a resposta, depreende-se isso pelas observações que são feitas, sobretudo quanto às leituras necessárias. Yvonne Pereira é enfática em dizer que livros de mensagens e romances não servem para promoção do devido preparo, recomendando as obras de Kardec, Denis e Bozzano, além daquelas que psicografou e que serviriam aos propósitos.

Um detalhe a mais nos deve chamar a atenção: essa carta foi escrita quando a médium já tinha sofrido dois derrames cerebrais e aproximadamente oito meses antes de sua desencarnação. Apesar de se encontrar debilitada, ainda guardava lucidez e disposição para responder às cartas que recebia e orientar com precisão, como fizera em toda a sua vida.

Ronaldo Tornel da Silveira

Ronaldo Tornel da Silveira foi dedicado trabalhador espírita da cidade de Juiz de Fora/MG. Médico neurocirurgião, foi filho de Isaltino da Silveira Filho, ativo militante espírita que fundou na mesma cidade, no ano de 1947, juntamente com outros, o Centro Espírita Ivon Costa.

Ao tempo da fundação do Centro, Dr. Ronaldo Tornel da Silveira era criança. Também era criança ao tempo em que Yvonne Pereira passou por aquela cidade, onde conheceu Isaltino e demais dedicados trabalhadores espíritas.

No ano de 1978, poucos meses depois da desencarnação de Isaltino, que se deu a 12 de julho, a *pupila de Charles* escreveu a Ronaldo, seu filho, solicitando auxílio para pessoas da região que lhe escreviam em busca de orientação.

Essa carta chegou até nós pelas mãos de Sandra Ventura, que enviou a foto que aqui também segue. Tivemos oportunidade, também, de conhecer Elaine Civinelli Tornel da Silveira, viúva de Ronaldo Tornel, em sua residência. Na companhia de Vinícius de Lara, lá pudemos ter a carta em mãos, bem como estabelecer agradável diálogo com D. Elaine.

A carta que se segue é espelho, assim, daquilo que representou, para Yvonne do Amaral Pereira, o gesto delicado de escrever cartas, alimentado durante toda a sua existência – um campo fecundo para levar, a todos os corações, um pouco de amparo e de consolo, realizando quanto estava ao seu alcance para esse mister!

CARTA:

Rio, 12.12.78

Prezado irmão

Ronaldo Tornel da Silveira:

Paz!

Espero em Deus que as bênçãos do Alto continuem a protegê-lo, inspirando-o na realização das tarefas da seara do Amor!

Tomo a liberdade de escrever-lhe hoje, meu irmão, a fim de pedir-lhe socorro para três famílias residentes aí, em Juiz de Fora, creio que na zona rural. Ultimamente tenho recebido cartas dessas três famílias, as quais se encerram numa só, pedindo-me ajuda para filhos obsediados. Dois dos rapazes, um de 27 anos de idade, outro de 23, tornaram-se alcoólatras, não trabalham mais, bebem de cair na rua; o outro, de 21 anos, está declaradamente obsediado pelo espírito de "uma velha", como se expressa sua mãe, que me escreveu. Uma irmã deste jovem, de 16 anos, é também obsediada, embora atualmente esteja melhor. Consultei os nossos amados protetores espirituais, e o espírito Dr. Bezerra de Menezes, que faz a caridade de me assistir, recomendou que eles procurassem um centro espírita kardecista bem orientado, a fim de assistirem a reuniões de estudos, recebam passes, água fluida, enfim, caridade. Compreendi que, para esses pobres irmãos, será difícil encontrar um ambiente assim. Então lembrei-me de pedir a você para guiar esses irmãos ao centro que poderá atendê-los em nome do Senhor. Tomei a liberdade de mandar a eles o endereço da Aliança Municipal Espírita a fim de procurá-lo e obter sua orientação acerca do centro a frequentar. Não sei se os irmãos em questão aceitarão a minha sugestão, mas orientei-os assim. Confesso que pensei primeiro na irmã Yolanda Halfeld, muito querida amiga, mas parece-me que o próprio Dr.

Bezerra intuiu-me para você. Outras pessoas, aí, não conheço, nem os centros espíritas, por isso apelo para o seu coração de servidor do Cristo.

O trabalho que atualmente faço é esse, de atendimento aos necessitados, o que mais ou menos tenho feito há 23 anos. Mas agora estou impressionada com a quantidade de casos de obsessão, que está generalizada. Amo muito esse trabalho, levo-o muito a sério, mas não posso realizá-lo sozinha e, por essa razão, tenho apelado para outros irmãos. De toda parte do Brasil estou recebendo tais pedidos, excetuando os territórios. Então, apelo para os centros da localidade para o tratamento necessário. Desta vez, apelo para Juiz de Fora.

Perdoa o incômodo que lhe dou. Mas é necessário algo fazermos pelos que sofrem, meu filho, porquanto são esses os conselhos que recebemos dos nossos Maiores da Espiritualidade.

Aproveito a oportunidade para dizer-lhe que conheci você pequenino, de uns 3 ou 4 anos de idade, fazendo artes dentro de casa. Fui muito amiga de seu pai, com quem cheguei a trabalhar na "Casa Espírita", e de sua mãe, com quem me dei muito fraternalmente. E que me sinto muito edificada de vê-lo, hoje, à frente de operosidades tão admiráveis como as que o preocupam. Deus o abençoe e fortaleça para que, até o fim, os seus testemunhos repercutam no Alto. Em separado, envio os nomes dos doentes, para quem solicito as suas preces e as dos seus companheiros de trabalho.

Abraça-o fraternalmente a irmã

Yvonne A. Pereira

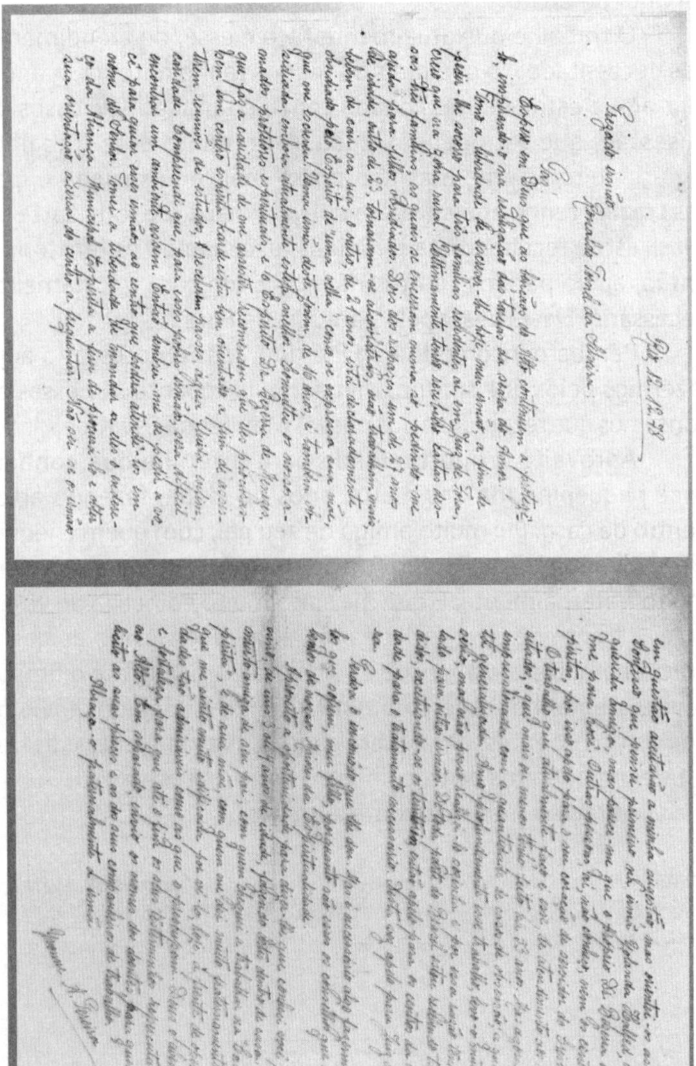

Fac-símile da Carta escrita por Yvonne Pereira a Ronaldo Tornel da Silveira.

Adendo especial

Yvonne Pereira:
um espírito no Além

"Saber sobre a vida de uma pessoa, de um espírito, mais do que uma mera curiosidade, é correr o risco de se implicar com o julgamento, de se comprometer com a afetação, de perder a paz com a inquietação, e ter que pensar na própria situação."

Samuel Bulamarck

"Uma vida sem desafios não vale a pena ser vivida."

Sócrates

Agradecemos à senhora Yvonne do Amaral Pereira pela oportunidade de nos conceder essa entrevista, pois sabemos que se propor a responder a qualquer pergunta é decidir mergulhar em si mesmo e, ao mesmo tempo em que busca oferecer respostas às perguntas feitas, constatar que é descobri-las para si; portanto, é enfrentar o desafio do autoconhecimento e o do enfrentamento pessoal...

Vamos à entrevista:

Samuel: Como foi sua experiência de primeiro contato com o Além, após a sua desencarnação, considerando que, frente às oportunidades vividas de desdobramentos e seus relatos, já não mais lhe era, exatamente, uma novidade?

Yvonne: Simples, dentro da complexidade que é o ato e o processo de desencarnação, já que temos que, necessariamente, fazer a constatação da lição oferecida por Paulo, o Apóstolo de Jesus: "A cada um, segundo suas obras". Considerando minhas vivências de desdobramentos anteriores, posso acrescentar que a perturbação foi suave e a percepção dos que me aguardavam foi natural... e fui tomada por uma indefinível sensação e sentimento de paz!

Samuel: Nesse momento importante, houve alguma percepção que lhe chamou, especialmente, a atenção?

Yvonne: Sim! Havia uma preocupação de não me criar nenhuma dificuldade, por qualquer apego que poderia ser descoberto no momento da desencarnação... Busquei manter na memória outra lição de Jesus: "Vá e não olhes para traz!". Mas é quase irresistível não fazermos isso, com todos os afetos que construímos e ficam, quando vamos fazer a travessia...

Samuel: A senhora demorou para retomar suas atividades ou participar de outras no Mundo Espiritual?

Yvonne: Eu não tinha o direito de me dar esse luxo, se assim posso dizer. Meus Guias e a minha noção da caridade estimularam-me a prosseguir, na vivência legítima de que a "continuidade da vida" é um fato que precisa ser vivido por todos, especialmente por aqueles que já tenham alguma compreensão objetiva da Espiritualidade e da imortalidade...

Samuel: Como foi lidar com a opinião pública sobre a senhora e sua obra, da perspectiva espiritual?

Yvonne: Não muda muito... Pois os sinceros continuam sinceros e os outros, até mudarem, continuam como são... Somente algumas revelações, nos dois sentidos. Uns reconhecimentos *post mortem*, de quem não esperávamos, e algumas críticas, de quem não parecia que iria fazer. Mas, nada de novo debaixo do Sol!

Samuel: E suas atividades espirituais, através do tempo, após a sua desencarnação, nesses 30 anos de Mundo Espiritual?

Yvonne: Creio que deu para mostrar a Jesus que continuo disposta a trabalhar por Ele e não mais voltar a fazer diferente disso. O passado passou, o presente é luz em nossas vidas e o futuro é esperança no amor que vence tudo!

Samuel: Mas, em termos objetivos, práticos, a quais atividades tem se dedicado?

Yvonne: Nos primeiros cinco anos, depois da minha desencarnação, servi bastante como médium, continuando minha tarefa de auxiliar os que sofrem mais e que necessitam de intermediação vibracional para perceber os que lá estavam para auxiliá-los...

Depois, entre os cinco e dez anos, além de continuar nessa tarefa mediúnica, ouvia muito os que aqui chegavam, especialmente os espíritas recém-desencarnados, que traziam as questões não resolvidas, em relação ao Movimento e aos Centros Espíritas... Aprendi mais sobre a alma humana e sobre os motivos existenciais que atrapalham a transcendência pessoal, institucional e do Movimento Espírita...

...depois desse período, além de continuar nessas tarefas que predominavam em meus dias, fui ampliando meus contatos com o mundo físico, com reuniões mediúnicas na crosta do planeta e assumindo responsabilidades específicas, em reuniões, e gerais, em Instituições que hoje, efetivamente, comprometendo-me com a orientação institucional, chegam ao número de três, com o auxílio de irmãos prestimosos que a lei de afinidade nos garante a confiança e proximidade necessárias para a tarefa...

Mas tem uma tarefa que muito me alegra e em que, quando posso, sempre busco estimular os irmãos e irmãs que a ela se dedicam, que é a Evangelização Infantil. A melhor forma de nos resguardar dos perigos do mundo, que ecoam ainda em nossos corações, é a aproximação e a vivência do Evangelho de Jesus, disso não devemos ter dúvida alguma!

Samuel: E quanto às relações espirituais afetivas, da época de quando estava encarnada, continuaram após a sua desencarnação ou houve mudanças?

Yvonne: Continuaram... Não passo uma única semana que seja, que não me encontre com o nosso Dr. Bezerra, nas atividades amorosas que desenvolve... Quanto ao Sr. Camilo Castelo Branco e ao Charles, que já retornaram ao mundo físico através da maternidade, sempre que possível nos encontramos... O Sr. Camilo nos visita, por vezes, quando fora do corpo físico... e o Charles, ao menos uma vez por mês recebe nossa visita, nas atividades que desenvolve no mundo.

Samuel: E quanto ao nosso irmão Tolstói?

Yvonne: Com ele, os contatos são mais esparsos... Mas está bem, nas lutas redentoras que lhe competem!

Samuel: E sobre o "Vale dos Suicidas"? Alguma palavra a nos dizer?

Yvonne: Como tudo na vida, as características mudam... A implantação de diversos Postos de Socorro aconteceu, óbvio que a necessidade aumentou também...

Quanto à "palavra a dizer"... Vivamos de maneira que não haja espaço para ações que nos levem para regiões de sofrimento ampliado, definido pela decisão equivocada da interrupção da existência...

Samuel: Apresento os nossos agradecimentos pela sua decisão de participar da entrevista, o que permite cumprir a proposta do tema da palestra ora realizada, de maneira mais efetiva e útil.

Yvonne: O senhor me dizendo isso, me deixa pouco à vontade... Eu, por minha vez, é que agradeço a iniciativa de vivermos esse momento juntos, deixando esse registro *nas telas do infinito*.

Referências

CHARLES (espírito). *Amor e ódio.* Psicografia de Yvonne A. Pereira. 12ª ed., Rio de Janeiro, FEB, 1997.

CAMILO, Pedro. *Pelos caminhos da mediunidade serena*. São Paulo, Lachâtre, 2006.

_______. *Yvonne Pereira: uma heroína silenciosa*. Bragança Paulista: Lachâtre, 2005.

_______. *Mediunidade: para entender e refletir*. Salvador: Mente Aberta, 2012.

KARDEC, Allan. *O livro dos médiuns*.

PEREIRA, Yvonne A. *À luz do Consolador*. 2ª ed., Rio de Janeiro, FEB, 1997.

_______. *Allan Kardec. in* "Reformador", abril de 1982.

_______. *Devassando o invisível*. 5ª ed, Rio de Janeiro, FEB, 1984.

RIZZINI, Jorge. *J. Herculano Pires – o apóstolo de Kardec*. São Paulo: Paidéia, 2000.